Apresentação

As mudanças na nossa rotina provocadas pela pandemia devem se manter mesmo depois desta crise global que vivemos. Voltamos a hábitos antigos e salutares dos séculos passados, como as conversas em família, a leitura de livros, o trabalho em casa e a comida caseira. Nessa mesma *vibe* de fazer tudo sem sair de casa, o *Almanaque Wicca 2022* traz várias possibilidades para você fazer magia em casa e mudar sua vida para melhor!

Você vai conhecer, por exemplo, maneiras novas de usar métodos milenares de adivinhação, como o tarô e o pêndulo. Vai saber mais sobre o Hoodoo, a magia do Mississipi que usa óleos mágicos para todos os propósitos; aprender a fazer feitiços para proteger a sua casa, para manifestar seus sonhos no mundo material e até para fazer esmaltes mágicos para as unhas! Ah! E o Almanaque este ano também traz uma poção mágica para resfriados, dicas para você se ligar com o Divino por meio da dança e "A Única Magia de Amor que Você vai Precisar na Vida"!

Você não pode perder estas e muitas outras pérolas do conhecimento mágico que o *Almanaque Wicca* trouxe especialmente para você, que está em sintonia com uma nova espiritualidade, mais inclusiva, livre de preconceitos e antenada com estes novos tempos!

— Denise Rocha

Sumário

Tabelas do Almanaque Wicca	3
Calendário Wicca de Janeiro a Dezembro de 2022	13
A Dança Espiral do Tarô	46
Revele seus Mistérios Interiores	59
Como Usar um Pêndulo de Cristal para Obter Respostas	63
Espiritualidade Feminista e Bruxaria	65
Bruxaria Urbana e Marginal	69
Em Busca de Hécate: A Deusa da Sabedoria Interior	73
Feitiço da Sombra	81
Kundalini Tântrico – O Feitiço da Ascensão da Serpente	83
Hoodoo – As suas Habilidades Mágicas e Espirituais Valem Ouro	92
Prece para Abençoar o Lugar Onde Você Vai Praticar Magia	98
As Saudações Utilizadas na Wicca	99
A Escolha do Momento Certo para Fazer Magia	100
Feitiço de Proteção para a Casa	102
A Magia do Movimento: As Alegrias da Dança Espiritual	103
A Magia dos Chás de Ervas	112
A Magia dos Painéis Visionários	122
Poção Mágica contra Resfriados	129
Esmalte Mágico!	131
As Correspondências das Cores	144
Encantamento para a Saúde	146
O Toque Mágico das suas Mãos	149
A Única Magia de Amor que Você Vai Precisar na Vida	151
Invocação à Deusa	160

Tabelas do Almanaque Wicca

Nesta seção, você encontrará todas as tabelas sobre as influências mágicas que o ajudarão a compreender e utilizar melhor o Calendário 2022 do *Almanaque Wicca*.

Mudanças de horário

Todos os horários e datas dos fenômenos astrológicos deste Almanaque e do Calendário estão baseados no fuso horário da cidade de São Paulo (hora de Brasília). Se você mora numa região cujo fuso horário seja diferente, não se esqueça de fazer as devidas adaptações. Em 2022 não haverá horário de verão.

Festivais e datas comemorativas

As datas de alguns festivais mais conhecidos são mencionadas no Calendário ao longo de todo o ano. As datas dos chamados Sabás Menores (Yule, Ostara, Litha e Mabon) dependem do início das estações, por isso podem variar de ano para ano. No caso dos Sabás Maiores (Samhain, Imbolc, Beltane e Lammas), prevalecem as datas em que eles costumam ser celebrados, segundo a tradição. O Calendário menciona as datas de todos os Festivais mais importantes, de acordo com o ciclo sazonal do Hemisfério Norte – indicado pela sigla (HN) – e do Hemisfério Sul – indicado pela sigla (HS). A decisão de celebrar os Festivais de acordo com o ciclo sazonal do Hemisfério Norte ou do Hemisfério Sul fica a critério do leitor. Podemos celebrar qualquer um desses sabás com muita beleza e simplicidade, com uma refeição em família ou acendendo uma vela. Veja na tabela a seguir o significado de cada um dos festivais da Roda do Ano, as datas em que são celebrados em cada hemisfério.

Sabás	Datas	Significado	Alimentos e bebidas	Ervas e Flores	Ornamentos para o altar
Samhain	31/10 (HN) 1/05 (HS)	Festival dos Mortos, época em que o Deus desce aos subterrâneos, aguardando o momento de renascer. Ano Novo dos bruxos	Suco de maçã com fibra, pão de abóbora, melão, moranga, milho, romãs	Artemísia, sálvia, crisântemos, cravos, losna alecrim, tomilho	Maçãs, totós de entes queridos falecidos, folhas de outono, velas cor de laranja
Yule	21-22/12 (HN) 21-22/6 (HS)	Solstício de Inverno, que marca o nascimento do Deus Sol, do ventre da Deusa	Gemada, chá com especiarias, pão com gengibre, bolos de frutas, biscoitos, frutas secas	Pinhas, azevinho, visgo, hera, cedro, louro, cravo-da-índia, alecrim, noz-moscada, canela, gengibre, mirra	Imagens solares, uma flor de bico-de-papagaio, sinos, pinhas
Imbolc	1-2/2 (HN) 1-2/8 (HS)	Época em que a Deusa se recupera do nascimento do Deus	Mel, passas, sopas, leite, queijo, iogurte	Salgueiro, mental, endro, junípero	Sempre-vivas, quartzo transparente, flores e velas brancas
Ostara	21-22/3 (HN) 21-22/9 (HS)	Equinócio Vernal ou de Primavera, quando o Deus se aproxima da maturidade e a fertilidade está presente nas flores e na vida selvagem	Ovos, mel, pães doces, sementes de girassol, saladas de folhas	Narciso, madressilva, violeta, peônia, jasmim, gengibre	Estatuetas ou imagens da vida que renasce, como pintinhos, coelhinhos, filhotes em geral
Beltane	1/5 (HN) 31/10 (HS)	União simbólica entre o Deus e a Deusa, que geram uma nova vida, dando continuidade ao ciclo	Cerejas, morangos, sorvete de baunilha, biscoitos de aveia	Prímula, rosa, bétula, lilás	Imagens de borboleta, símbolo da transformação; flores frescas perfumadas; fitas coloridas; símbolos de união
Litha	21-22/6 (HN) 21-22/12 (HS)	Solstício de verão, quando o Deus está no seu apogeu, assim como o Sol. A Deusa está fecundada pelo Deus	Limonada, pêssegos, damascos, laranjas, frutas silvestres, melancia	Girassol, camomila, margaridas, menta, erva-doce, tomilho	Fadas, símbolos solares, espelho, fitas ou contas douradas, flores cor-de-laranja

Sabás	Datas	Significado	Alimentos e bebidas	Ervas e Flores	Ornamentos para o altar
Lammas	1-2/8 (HN) 1-2/2 (HS)	Início da colheita. Deus começa a perder a força, mas também está vivo no ventre da Deusa	Pão de milho, pão de centeio, bolachas integrais, sucos de frutas vermelhas	Grãos, flores de acácia, mirtilo, papoulas, sândalo, gengibre	Girassóis, milho, grãos, pipoca, saches de ervas aromáticas
Mabon	21-22/9 (HN) 21-22/3 (HS)	Equinócio do Outono, quando o Deus está mais perto do véu que cobre o mundo subterrâneo e a Deusa lamenta sua perda	Pão de milho, nozes, uvas, cenouras, torta de maçãs	Pinhas, milefólio, canela, sálvia, anis, patchouli, avelã	Símbolo yin-yang, cascas de nozes, folhas de outono, bolotas de carvalho

Dias da semana, planetas, divindades e objetos simbólicos

Cada dia da semana é regido por um planeta, que exerce determinadas influências mágicas. Por tradição, cada dia da semana também é associado a determinados assuntos. Na tabela a seguir você vai encontrar, além do planeta regente de cada dia da semana e os assuntos relacionados a cada um desses planetas, o metal e o objeto simbólico de cada um deles.

	Segunda-feira	Terça-feira	Quarta-feira	Quinta-feira	Sexta-feira	Sábado	Domingo
Planeta	Lua	Marte	Mercúrio	Júpiter	Vênus	Saturno	Sol
Divindade	Selene, Néftis, Ártemis, Isis	Marte/Ares, Tyr, Iansã, Kali	Mercúrio/ Hermes, Atena, Sarasvarti, Odin	Thor, Jovis/ Júpiter, Rhiannon, Juno, Lakshmi	Vênus/ Afrodite, Angus, Parvati	Hécate, Nêmesis, Saturno	Brigid, Apolo, Lugh, Belisama
Associações	Fertilidade, aumento, trabalho com sonhos	Defesa, proteção, inspiração, superação de obstáculo, coragem, sexo, dança	Comunicação, aprendizado, estudo, provas e testes, questões jurídicas, viagens, ideias, memória, ciência	Generosidade, justiça natural, expansão, propriedades, testamentos, questões familiares	Amor, afeição, amizades, parceria, sedução, sexualidade, beleza, arte	Limites, ligação, exorcismo, disciplina, redução, proteção, desvio	Saúde, felicidade, contentamento, música, poesia
Metal	Prata	Ferro	Mercúrio	Estanho	Cobre	Chumbo	Ouro
Objeto simbólico	Caldeirão	Flecha	Cajado	Tambor	Rosa, estrela	Corrente, cordão	Disco

As estações e a magia

Cada estação carrega consigo uma energia diferente, em sintonia com os fluxos e refluxos da vida. Portanto, verifique a tabela abaixo para saber qual a época mais propícia fazer seus trabalhos espirituais e mágicos:

Primavera	Verão	Outono	Inverno
Inícios, novos projetos, purificação, limpeza, cultivo de jardim mágico, fertilidade, atrair amor, felicidade	Dinheiro, prosperidade, sucesso, força, coragem, magia do fogo, fortalecer o amor, fidelidade, cura física	Espiritualidade, agradecimento por bênçãos recebidas, banimento de negatividade, proteção, novas aquisições	Reflexão, meditação, cura emocional, divinação, consciência psíquica, descoberta de vidas passadas

Eclipses

O eclipse *solar* acontece durante a Lua Nova, quando esse astro passa exatamente entre a Terra e o Sol, cobrindo-o total ou parcialmente. O eclipse *lunar* acontece quando ela escurece ao passar pela sombra da Terra.

Do ponto de vista científico, existem três tipos de eclipse: o parcial, o total e o anular. O eclipse anular do Sol é um tipo especial de eclipse parcial. Durante um eclipse anular a Lua passa em frente ao Sol, mas acaba por não cobrir completamente o disco da nossa estrela.

Muitas pessoas que praticam magia acreditam que o eclipse seja um sinal de mudança e possa representar um momento decisivo na nossa vida. *Comece o trabalho de magia dez minutos antes do eclipse e continue a trabalhar enquanto ele ocorre, até que tenha terminado. A chave é captar a energia do eclipse e puxar essa energia para o seu trabalho, enquanto o fenômeno estiver em curso.*

Data	Hora	Astro	Tipo	Grau	Magnitude
30/04	17h29	Sol	Parcial	10°28' de Touro	0'640
16/05	1h15	Lua	Total	25°18' de Escorpião	1'414
25/10	7h50	Sol	Parcial	2°0' de Escorpião	0'862
8/11	8h03	Lua	Total	16°1' de Touro	1'359

Fases da Lua

Um dos métodos mais conhecidos, comprovados e eficazes de obter bons resultados no mundo da magia consiste em sintonizar o feitiço ou ritual com a fase da Lua correspondente. As bruxas devem ter sempre à mão o calendário do *Almanaque Wicca*, com as fases lunares, para ficar a par dos ciclos desse astro.

Fase da Lua	Assuntos favorecidos
Nova	Novo emprego, projeto ou relacionamento, pôr em prática novas ideias, crescimento, expansão
Crescente	Desenvolvimento, prosperidade, compromissos, crescimento, acelerar projetos, aumentar a prosperidade
Cheia	Feitiços de amor, aumentar o poder, potencializar a magia
Minguante	Terminar relacionamentos, dissipar energias negativas, reflexão, combater vícios e situações indesejáveis, fazer renovações, eliminar maldições, combater ataques psíquicos

A Lua nos signos

A Lua se "move" continuamente pelo zodíaco, passando por todos os signos. Cada um deles exerce um tipo de influência sobre as pessoas e suas atividades. A tabela abaixo indica os melhores signos lunares para diferentes tipos de feitiço:

Tipo de feitiço	Áries	Touro	Gêmeos	Câncer	Leão	Virgem	Libra	Escorpião	Sagitário	Capricórnio	Aquário	Peixes
Amor/relacionamentos			•	•		•					•	•
Cura/emoções			•	•		•	•				•	•
Prosperidade/aumento		•		•	•				•	•		
Emprego/comércio			•	•					•	•	•	
Amarração/banimento	•			•	•	•						
Proteção	•	•		•				•				
Fertilidade	•	•		•		•		•		•		•

Luas fora de curso

A Lua dá uma volta em torno da Terra a cada 28 dias, permanecendo em cada signo do zodíaco durante dois dias e meio, aproximadamente. Quando se aproxima dos últimos graus de um signo, ela acaba atingindo o planeta que está no grau mais alto desse signo, formando com ele um aspecto final antes de deixar o signo. Esse é um aspecto lunar de grande importância na magia. Quando forma esse último aspecto com o planeta até o momento em que sai desse signo para entrar no próximo, dizem que a Lua está fora de curso. Isso dura apenas algumas horas, porém essas horas são de suma importância em toda ação humana e especialmente na prática da magia, já que durante esse período a Lua está sem direção e tudo o que se faça ou comece se revela muito mais imprevisível. Essa é uma das razões por que muitas magias são ineficazes. Quando a Lua está nesse período não se deve começar nada novo, pois isso pode nunca chegar a se realizar. **Obs.: As datas de início e final das Luas fora de curso estão indicadas ao longo do Calendário sob a sigla LFC (*Lua Fora de Curso*).**

Lua Negra

A fase lunar denominada Lua Negra acontece mensalmente, nos três dias que antecedem a Lua Nova. A Lua Negra facilita o acesso aos mundos e planos sutis e às profundezas de nossa psique. Por isso é considerada uma fase favorável para trabalhos de transformação e renovação. Ela tem o poder de criar e de destruir, de curar e de regenerar e de descobrir e fluir com o ritmo das mudanças e dos ciclos naturais, dependendo da capacidade individual em reconhecer e integrar sua sombra. É, portanto, um período favorável para rituais de cura, renovação e regeneração. Podemos citar também rituais de eliminação de uma maldição; a correção de uma disfunção, o afastamento dos obstáculos ou das dificuldades à realização afetiva ou profissional; a eliminação de resíduos energéticos negativos de pessoas, objetos e ambientes. **As Luas Negras de 2022 estão indicadas no Calendário.**

Lua Rosa

Na Antiga Tradição, acreditava-se que determinadas **Luas Cheias** tinham uma energia especial para realizar desejos, projetos ou aspirações. Essas Luas, chamadas "Lua Rosa dos Desejos" ou "Lua dos Pedidos" são os plenilúnios (Luas cheias) mais próximos dos quatro grandes sabás celtas: Samhain, em 31 de outubro; Imbolc, em 1º de fevereiro; Beltane, em 30 de abril; e Lughnassadh, em 1º de agosto – com um intervalo de três meses entre si. **As Luas Rosas de 2022 estão indicadas no Calendário.**

Lua Violeta

Menos conhecida e menos divulgada, a Lua Violeta acontece quando ocorrem duas **Luas Novas** no mesmo mês. O período de três dias – que antecede a segunda Lua nova – proporciona energias purificadoras e transmutadoras e, portanto, oferece as condições ideais para a introspecção e meditação ampla e profunda, bem como a reavaliação de valores, atitudes e objetivos. **Há uma Lua Violeta em abril de 2022, indicada no Calendário.**

Lua Vermelha

Na Antiguidade, o ciclo menstrual da mulher seguia as fases da Lua com tanta precisão que a gestação era contada por luas. Com o passar do tempo, a mulher foi se distanciando dessa sintonia e perdendo o contato com o próprio ritmo do corpo, o que gerou vários desequilíbrios hormonais, emocionais e psíquicos. Para restabelecer essa sincronicidade natural, a mulher deve se reconectar à Lua, observando a relação entre as fases lunares e o seu ciclo menstrual.

Cores e incensos de cada dia da semana

São sugeridos para cada dia da semana cores e aromas de incensos, caso queira usar velas e incensos nos seus encantamentos e rituais.

Sabás e Luas de 2022	
2 de janeiro	Lua Nova às 15h35
9 de janeiro	Lua Crescente às 15h12
17 de janeiro	Lua Cheia às 20h50
25 de janeiro	Lua Minguante às 10h42
1º de fevereiro	Lua Nova às 2h47
2 de fevereiro	Imbolc (HN) Lammas (HS)
8 de fevereiro	Lua Crescente às 10h51
16 de fevereiro	Lua Cheia às 13h58
23 de fevereiro	Lua Minguante às 19h34
2 de março	Lua Nova às 14h36
10 de março	Lua Crescente às 7h47
18 de março	Lua Cheia às 4h19
20 de março	Ostara – Equinócio de primavera (HS) Mabon – Equinócio de outono (HN)
25 de março	Lua Minguante às 2h38
1º de abril	Lua Nova às 3h26
9 de abril	Lua Crescente às 3h49
16 de abril	Lua Cheia às 15h56 (Lua Rosa)
23 de abril	Lua Minguante às 8h58
30 de abril	Lua Nova às 17h29

Sabás e Luas de 2022	
30 de abril	Eclipse parcial do Sol às 17h29
30 de abril	Beltane (HN) Samhain (HS)
8 de maio	Lua Crescente às 21h23
16 de maio	Lua Cheia à 1h15
16 de maio	Eclipse total da Lua à 1h15
22 de maio	Lua Minguante às 15h44
30 de maio	Lua Nova às 8h31
7 de junho	Lua Crescente às 11h50
14 de junho	Lua Cheia às 8h53
21 de junho	Lua Minguante à 0h12
21 de junho	Litha – Solstício de Verão (HN) Yule – Solstício de Inverno (HS)
28 de junho	Lua Nova às 23h53
6 de julho	Lua Crescente às 23h15
13 de julho	Lua Cheia às 15h39
20 de julho	Lua Minguante às 11h20
28 de julho	Lua Nova às 14h56
1º de agosto	Lammas (HN) Imbolc (HS)
5 de agosto	Lua Crescente às 8h08
11 de agosto	Lua Cheia às 22h37
19 de agosto	Lua Minguante à 1h37
27 de agosto	Lua Nova às 5h18
3 de setembro	Lua Crescente às 15h09
10 de setembro	Lua Cheia às 7h00

Sabás e Luas de 2022	
17 de setembro	Lua Minguante às 18h53
22 de setembro	Mabon – Equinócio de outono (HN) Ostara – Equinócio de primavera (HS)
25 de setembro	Lua Nova às 18h56
2 de outubro	Lua Crescente às 21h15
9 de outubro	Lua Cheia à 17h56
17 de outubro	Lua Minguante às 14h16
25 de outubro	Lua Nova às 7h50
25 de outubro	Eclipse parcial do Sol às 7h50
31 de outubro	Samhain (HN) Beltane (HS)
1º de novembro	Lua Crescente às 3h38
8 de novembro	Lua Cheia às 8h03
8 de novembro	Eclipse total da Lua às 8h03
16 de novembro	Lua Minguante às 10h28
23 de novembro	Lua Nova às 19h58
30 de novembro	Lua Crescente às 11h38
8 de dezembro	Lua Cheia à 1h09
16 de dezembro	Lua Minguante às 5h57
21 de dezembro	Yule – Solstício de inverno (HN) Litha – Solstício de verão (HS)
23 de dezembro	Lua Nova às 7h18
29 de dezembro	Lua Crescente às 22h22

Calendário Wicca
de JANEIRO a DEZEMBRO de 2022

Início LFC = Início da Lua Fora de Curso
Final LFC = Término da Lua Fora de Curso

Janeiro de 2022

Janeiro é consagrado ao deus romano Janus, divindade pré-latina considerada deus do Sol e do dia. Janeiro é uma época cheia de possibilidades, mas ainda contém as restrições, lições e resquícios do ano anterior. Por isso é um período adequado para nos livrarmos do velho e ultrapassado, preparando planos e projetos para novas conquistas, mudanças e realizações. A pedra de janeiro é a granada.

1/1 sábado
Signo da Lua: Capricórnio às 20h03
Fase da Lua: Minguante
Início LFC: 5h17
Final LFC: 20h03
Cor: Branco ❋ Incenso: Erva-cidreira
Dia Mundial da Paz
Dia consagrado ao par divino Zeus e Hera
Festival romano de Strenia, com troca de presentes
Januálias

2/1 domingo
Signo da Lua: Capricórnio
Fase da Lua: Nova às 15h35
Cor: Amarelo ❋ Incenso: Sálvia
Advento de Isis
Celebração das Nornes, deusas do destino

3/1 segunda-feira
Signo da Lua: Aquário às 19h45
Fase da Lua: Nova
Início LFC: 13h22
Final LFC: 19h45
Cor: Cor-de-rosa ❋ Incenso: Arruda
Festival romano em honra de Pax, deusa da paz
Festival Lanaia em honra a Dioniso

4/1 terça-feira
Signo da Lua: Aquário
Fase da Lua: Nova
Início LFC: 21h46
Cor: Cinza ❋ Incenso: Alfazema
Ritual coreano das Sete Estrelas

5/1 quarta-feira
Signo da Lua: Peixes às 21h18
Fase da Lua: Nova
Final LFC: 21h18
Cor: Branco ❋ Incenso: Manjericão
Festa de Bafana, na Itália, reminiscência da antiga celebração à deusa Befana, a Anciã, também chamada de La Vecchia ou La Strega

6/1 quinta-feira
Signo da Lua: Peixes
Fase da Lua: Nova
Cor: Cor-de-rosa ✢ Incenso: Rosas
Dia de Morrigan, deusa tríplice celta
Epifania ou Dia de Reis

7/1 sexta-feira
Signo da Lua: Peixes
Fase da Lua: Nova
Início LFC: 19h24
Cor: Vermelho ✢ Incenso: Laranja
Dia da Liberdade de Cultos
Sekhmet, Ano Novo Egípcio

8/1 sábado
Signo da Lua: Áries às 2h27
Fase da Lua: Nova
Final LFC: 2h27
Cor: Preto ✢ Incenso: Canela
Ano Novo dos Druidas
Festival de Justitia, em honra da deusa romana da justiça
Dia de Freia, deusa nórdica do amor, da fertilidade e da magia

9/1 domingo
Signo da Lua: Áries
Fase da Lua: Crescente às 15h12
Cor: Verde ✢ Incenso: Alfazema
Festa da Agonia, dedicada ao deus Janus, padroeiro do mês

10/1 segunda-feira
Signo da Lua: Touro às 11h48
Fase da Lua: Crescente
Início LFC: 4h24
Final LFC: 11h48
Cor: Lilás ✢ Incenso: Sândalo
Início da Carmentália, festival dedicado à deusa Carmenta (até 15/01)

11/1 terça-feira
Signo da Lua: Touro
Fase da Lua: Crescente
Cor: Azul-marinho ✢ Incenso: Dama-da-noite
Dia de Frigga, deusa nórdica consorte do deus Odin

12/1 quarta-feira
Signo da Lua: Touro
Fase da Lua: Crescente
Início LFC: 16h40
Cor: Marrom ✢ Incenso: Violetas
Festival de Compitália, em honra dos Lares
Festival indiano de Sarasvati, deusa dos rios, das artes e do conhecimento

13/1 quinta-feira
Signo da Lua: Gêmeos à 0h09
Fase da Lua: Crescente
Final LFC: 0h09
Cor: Branco ✢ Incenso: Rosas

14/1 sexta-feira
Signo da Lua: Gêmeos
Fase da Lua: Crescente
Início LFC: 23h23
Cor: Amarelo ✢ Incenso: Sândalo
Makara Sankranti, celebração hindu com banho no rio Ganges

15/1 sábado
Signo da Lua: Câncer às 13h12
Fase da Lua: Crescente
Final LFC: 13h12
Cor: Cinza ✢ Incenso: Manjericão

16/1 domingo
Signo da Lua: Câncer
Fase da Lua: Crescente
Cor: Laranja ✢ Incenso: Hortênsias
Festival da Concórdia, deusa romana das relações harmoniosas
Festival hindu de Ganesha, deus-elefante, filho da deusa Parvati

17/1 segunda-feira
Signo da Lua: Câncer
Fase da Lua: Cheia às 20h50
Início LFC: 20h50
Cor: Branco ✣ Incenso: Alfazema
Festival celta das Macieiras
Dia de Felicitas, deusa romana da boa sorte e da felicidade
Dia da deusa grega Athena em seu aspecto guerreira

18/1 terça-feira
Signo da Lua: Leão à 1h04
Fase da Lua: Cheia
Final LFC: 1h04
Cor: Preto ✣ Incenso: Jasmim
Festival hindu ao deus e à deusa Surya, divindades solares regentes da luz

19/1 quarta-feira
Signo da Lua: Leão
Fase da Lua: Cheia
O Sol entra em Aquário às 23h40
Cor: Lilás ✣ Incenso: Laranja

20/1 quinta-feira
Signo da Lua: Virgem às 11h03
Fase da Lua: Cheia
Início LFC: 5h17
Final LFC: 11h03
Cor: Cor-de-rosa ✣ Incenso: Canela
Dia da Santa Inês ou Agnes, época da divinação pelo fogo

21/1 sexta-feira
Signo da Lua: Virgem
Fase da Lua: Cheia
Cor: Vermelho ✣ Incenso: Erva-cidreira
Celebração de Baba Yaga, nos países eslavos
Dia Mundial da Religião

22/1 sábado
Signo da Lua: Libra às 19h04
Fase da Lua: Cheia
Início LFC: 16h47
Final LFC: 19h04
Cor: Cinza ✣ Incenso: Violetas
Festival das Musas, honrando as deusas da poesia, da arte, da música e da dança

23/1 domingo
Signo da Lua: Libra
Fase da Lua: Cheia
Cor: Marrom ✣ Incenso: Dama-da-noite
Celebração da deusa lunar egípcia Hathor, deusa da beleza, do amor e da arte

24/1 segunda-feira
Signo da Lua: Libra
Fase da Lua: Cheia
Início LFC: 19h11
Cor: Branco ✣ Incenso: Sálvia

25/1 terça-feira
Signo da Lua: Escorpião à 0h58
Fase da Lua: Minguante às 10h42
Final LFC: 0h58
Cor: Roxo ✣ Incenso: Hortênsia

26/1 quarta-feira
Signo da Lua: Escorpião
Fase da Lua: Minguante
Cor: Cinza ✣ Incenso: Rosas
Celebração de Cernunnos, o deus celta da fertilidade, senhor dos animais e da vegetação

27/1 quinta-feira
Signo da Lua: Sagitário às 4h36
Fase da Lua: Minguante
Início LFC: 2h29
Final LFC: 4h36
Cor: Verde ✣ Incenso: Jasmim
Feriae Sementiva, festival romano em honra às deusas dos grãos e da colheita

28/1 sexta-feira
Signo da Lua: Sagitário

Fase da Lua: Minguante
Início LFC: 16h01
Cor: Azul ✣ Incenso: Hortênsia
Dia da deusa Pele, padroeira do Havaí, guardiã do fogo vulcânico

29/1 sábado
Signo da Lua: Capricórnio às 6h10
Fase da Lua: Minguante
Final LFC: 6h10
Cor: Vermelho ✣ Incenso: Canela
Celebração de Concórdia, a deusa romana da paz e da harmonia domésticas

30/1 domingo
Signo da Lua: Capricórnio
Fase da Lua: Minguante
Cor: Laranja ✣ Incenso: Erva-cidreira
Festival da Paz, dedicado à deusa romana Pax
Celebração das deusas da cura Anceta e Angitia, cujas ervas sagradas e encantamentos curavam as febres e picadas de cobra
Festa de Nosso Senhor do Bonfim e de Nossa Senhora das Águas

31/1 segunda-feira
Signo da Lua: Aquário às 6h44
Fase da Lua: Minguante
Início LFC: 1h45
Final LFC: 6h44
Cor: Preto ✣ Incenso: Sândalo
Véspera de Fevereiro, início do festival de Imbolc
Dia consagrado às Valquírias e às Parcas

Fevereiro de 2022

O nome deste mês deriva da deusa romana Fébrua, mãe de Marte. Fevereiro é um mês propício tanto para as reconfirmações do caminho espiritual quanto para as iniciações, dedicando a sua devoção a uma divindade com a qual você tenha afinidade. Na tradição Wicca, o sabá Imbolc, ou Candlemas, celebra a deusa tríplice Brighid, a Senhora do Fogo Criador, da Arte e da Magia. É uma data favorável às iniciações e renovações dos compromissos espirituais, bem como para purificações ritualísticas, práticas oraculares e cerimônias com fogo.

1/2 terça-feira
Signo da Lua: Aquário
Fase da Lua: Nova às 2h47
Início LFC: 8h02
Cor: Branco ✣ Incenso: Dama-da-noite
Festival da deusa celta Brighid
Véspera de Imbolc/Lammas
Ano Novo Chinês (Tigre)

2/2 quarta-feira
Signo da Lua: Peixes às 8h01
Fase da Lua: Nova
Final LFC: 8h01
Cor: Amarelo ✣ Incenso: Alfazema
Festival de Juno Fébrua, a deusa que preside o mês de fevereiro
Festa de Iemanjá
Imbolc (HN)
Lammas (HS)

3/2 quinta-feira
Signo da Lua: Peixes
Fase da Lua: Nova
Cor: Azul-marinho ✣ Incenso: Hortênsia

4/2 sexta-feira
Signo da Lua: Áries às 11h58
Fase da Lua: Nova
Início LFC: 6h42
Final LFC: 11h58
Cor: Marrom ✢ Incenso: Jasmim

5/2 sábado
Signo da Lua: Áries
Fase da Lua: Nova
Cor: Lilás ✢ Incenso: Laranja

6/2 domingo
Signo da Lua: Touro às 19h54
Fase da Lua: Nova
Início LFC: 14h22
Final LFC: 19h54
Cor: Verde ✢ Incenso: Rosas
Festival em honra de Afrodite, deusa grega do amor

7/2 segunda-feira
Signo da Lua: Touro
Fase da Lua: Nova
Cor: Cinza ✢ Incenso: Dama-da-noite

8/2 terça-feira
Signo da Lua: Touro
Fase da Lua: Crescente às 10h51
Cor: Vermelho ✢ Incenso: Sálvia

9/2 quarta-feira
Signo da Lua: Gêmeos às 7h28
Fase da Lua: Crescente
Início LFC: 1h49
Final LFC: 7h28
Cor: Branco ✢ Incenso: Sândalo
Dia de Apolo, a divindade do Sol

10/2 quinta-feira
Signo da Lua: Gêmeos
Fase da Lua: Crescente
Cor: Amarelo ✢ Incenso: Canela

11/2 sexta-feira
Signo da Lua: Câncer às 20h28
Fase da Lua: Crescente
Início LFC: 5h24
Final LFC: 20h28
Cor: Cor-de-rosa ✢ Incenso: Manjericão

12/2 sábado
Signo da Lua: Câncer
Fase da Lua: Crescente
Cor: Marrom ✢ Incenso: Sândalo
Dia consagrado às deusas da caça, Ártemis e Diana

13/2 domingo
Signo da Lua: Câncer
Fase da Lua: Crescente
Cor: Branco ✢ Incenso: Alfazema
Parentálias, festival romano em honra dos mortos (até 28/02)

14/2 segunda-feira
Signo da Lua: Leão às 8h18
Fase da Lua: Crescente
Início LFC: 7h28
Final LFC: 8h18
Cor: Verde ✢ Incenso: Violetas
Dia de São Valentim, festival do amor, também dedicado a Juno Fébrua

15/2 terça-feira
Signo da Lua: Leão
Fase da Lua: Crescente
Cor: Lilás ✢ Incenso: Rosas
Lupercais, festival romano em honra do deus Pã

16/2 quarta-feira
Signo da Lua: Virgem às 17h44
Fase da Lua: Cheia às 13h58
(Lua Rosa)
Início LFC: 13h58
Final LFC: 17h44

Cor: Roxo ✥ Incenso: Canela
Faunálias, festas romanas em honra dos faunos

17/2 quinta-feira
Signo da Lua: Virgem
Fase da Lua: Cheia
Cor: Marrom ✥ Incenso: Jasmim
Dia da deusa Kali na Índia

18/2 sexta-feira
Signo da Lua: Virgem
Fase da Lua: Cheia
O Sol entra em Peixes às 13h44
Início LFC: 20h21
Cor: Azul ✥ Incenso: Lavanda

19/2 sábado
Signo da Lua: Libra à 0h52
Fase da Lua: Cheia
Final LFC: 0h52
Cor: Amarelo ✥ Incenso: Hortênsia

20/2 domingo
Signo da Lua: Libra
Fase da Lua: Cheia
Cor: Azul ✥ Incenso: Canela

21/2 segunda-feira
Signo da Lua: Escorpião às 6h20
Fase da Lua: Cheia
Início LFC: 2h03
Final LFC: 6h20
Cor: Marrom ✥ Incenso: Erva-cidreira
Ferálias, festas romanas em honra dos deuses Manes, espíritos dos mortos

22/2 terça-feira
Signo da Lua: Escorpião
Fase da Lua: Cheia
Cor: Preto ✥ Incenso: Sândalo

Festival romano da deusa Concórdia
Festival das Lanternas

23/2 quarta-feira
Signo da Lua: Sagitário às 10h30
Fase da Lua: Minguante às 19h34
Início LFC:6h25
Final LFC: 10h30
Cor: Branco ✥ Incenso: Dama-da-noite
Terminálias, festival romano em honra de Termo, deus das fronteiras

24/2 quinta-feira
Signo da Lua: Sagitário
Fase da Lua: Minguante
Cor: Verde ✥ Incenso: Rosas

25/2 sexta-feira
Signo da Lua: Capricórnio às 13h29
Fase da Lua: Minguante
Início LFC: 1h26
Final LFC: 13h29
Cor: Cinza ✥ Incenso: Alfazema

26/2 sábado
Signo da Lua: Capricórnio
Fase da Lua: Minguante
Cor: Azul-marinho ✥ Incenso: Violetas

27/2 domingo
Signo da Lua: Aquário às 15h37
Fase da Lua: Minguante
Início LFC: 11h51
Final LFC: 15h37
Cor: Cinza ✥ Incenso: Sálvia
Dia da Anciã

28/2 segunda-feira
Signo da Lua: Aquário
Fase da Lua: Minguante
Início LFC: 23h02
Cor: Roxo ✥ Incenso: Laranja

Março de 2022

O mês de março é consagrado ao deus romano da guerra, Marte, contraparte do grego Ares. Para os romanos este mês representava o início do Ano-Novo, começando no equinócio de primavera, em torno do dia 21, data mantida até hoje como o início do Ano Zodiacal. A pedra natal de março é o jaspe sanguíneo ou heliotrópio.

1/3 terça-feira
Signo da Lua: Peixes às 17h55
Fase da Lua: Minguante
Final LFC: 17h55
Cor: Cor-de-rosa ✛ Incenso: Hortênsias
Matronálias, festas romanas em homenagem à maternidade de Juno, protetora dos casamentos
Dia em que as vestais alimentavam o fogo sagrado, anunciando o Ano-Novo Romano

2/3 quarta-feira
Signo da Lua: Peixes
Fase da Lua: Nova às 14h36
Cor: Laranja ✛ Incenso: Laranja
Dia consagrado a Ceadda, deusa das fontes e poços sagrados
Cinzas

3/3 quinta-feira
Signo da Lua: Áries às 21h54
Fase da Lua: Nova
Início LFC: 18h46
Final LFC: 21h54
Cor: Vermelho ✛ Incenso: Sálvia
Isidis Navigatum, Bênção egípcia das Frotas

4/3 sexta-feira
Signo da Lua: Áries
Fase da Lua: Nova
Cor: Azul ✛ Incenso: Violetas
Festival celta em honra a Rhiannon, deusa donzela, relacionada à deusa Perséfone

5/3 sábado
Signo da Lua: Áries
Fase da Lua: Nova
Cor: Lilás ✛ Incenso: Alfazema

6/3 domingo
Signo da Lua: Touro às 5h01
Fase da Lua: Nova
Início LFC: 1h03
Final LFC: 5h01
Cor: Preto ✛ Incenso: Rosas

7/3 segunda-feira
Signo da Lua: Touro
Fase da Lua: Nova
Cor: Lilás ✛ Incenso: Dama-da-noite

8/3 terça-feira
Signo da Lua: Gêmeos às 15h41
Fase da Lua: Nova
Início LFC: 11h36
Final LFC: 15h41
Cor: Marrom ✛ Incenso: Sândalo
Dia Internacional da Mulher

9/3 quarta-feira
Signo da Lua: Gêmeos
Fase da Lua: Nova
Cor: Azul-marinho ✛ Incenso: Erva-cidreira

10/3 quinta-feira
Signo da Lua: Gêmeos
Fase da Lua: Crescente às 7h47
Início LFC: 13h44
Cor: Verde ✛ Incenso: Canela

CALENDÁRIO WICCA

11/3 sexta-feira
Signo da Lua: Câncer às 4h25
Fase da Lua: Crescente
Final LFC: 4h25
Cor: Branco ✣ Incenso: Lavanda

12/3 sábado
Signo da Lua: Câncer
Fase da Lua: Crescente
Cor: Amarelo ✣ Incenso: Jasmim
Festa de Marduk, deus supremo da Babilônia
Dia do Martírio de Hipátia, conhecida como a Pagã Divina

13/3 domingo
Signo da Lua: Leão às 16h33
Fase da Lua: Crescente
Início LFC: 12h45
Final LFC: 16h33
Cor: Lilás ✣ Incenso: Hortênsias
Dia da Sorte na Wicca

14/3 segunda-feira
Signo da Lua: Leão
Fase da Lua: Crescente
Cor: Marrom ✣ Incenso: Violetas
Dia de Ua Zit, deusa-serpente egípcia

15/3 terça-feira
Signo da Lua: Leão
Fase da Lua: Crescente
Início LFC: 7h57
Cor: Verde ✣ Incenso: Canela
Festival romano em honra de Ana Perena, deusa dos anos
Festival em honra de Átis e Cibele
Dia sagrado de Reia, deusa grega da terra, mãe de Zeus e um aspecto da Grande Mãe

16/3 quarta-feira
Signo da Lua: Virgem às 2h00
Fase da Lua: Crescente
Final LFC: 2h00
Cor: Azul-marinho ✣ Incenso: Rosas
Festival do deus grego Dioniso, deus do vinho
Dia dedicado a Morgan Le Fay

17/3 quinta-feira
Signo da Lua: Virgem
Fase da Lua: Crescente
Cor: Amarelo ✣ Incenso: Alfazema
Liberálias, festas romanas em honra de Líber, deus da fecundidade

18/3 sexta-feira
Signo da Lua: Libra às 8h27
Fase da Lua: Cheia às 4h19
Início LFC: 5h12
Final LFC: 8h27
Cor: Branco ✣ Incenso: Sãndalo

19/3 sábado-feira
Signo da Lua: Libra
Fase da Lua: Cheia
Cor: Preto ✣ Incenso: Manjericão
Quinquátrias, festas romanas em honra de Minerva, deusa que personificava o pensamento (até 23/03)
A véspera do equinócio é um dos festivais da deusa grega Atenas

20/3 domingo
Signo da Lua: Escorpião às 12h46
Fase da Lua: Cheia
Início do Outono às 12h35
O Sol entra em Áries às 12h35
Início LFC: 9h41
Final LFC: 12h46
Cor: Cor-de-rosa ✣ Incenso: Sálvia
Ostara – Equinócio de Primavera (HN)
Mabon – Equinócio de Outono (HS)

21/3 segunda-feira
Signo da Lua: Escorpião
Fase da Lua: Cheia
Cor: Vermelho ✣ Incenso: Dama-
-da-noite

22/3 terça-feira
Signo da Lua: Sagitário às 16h00
Fase da Lua: Cheia
Início LFC: 13h02
Final LFC: 16h00
Cor: Marrom ✣ Incenso: Rosas

23/3 quarta-feira
Signo da Lua: Sagitário
Fase da Lua: Cheia
Cor: Verde ✣ Incenso: Laranja

24/3 quinta-feira
Signo da Lua: Capricórnio às 18h55
Fase da Lua: Cheia
Início LFC: 10h00
Final LFC: 18h55
Cor: Branco ✣ Incenso: Jasmim
Dia da deusa guardiã Albion ou Britânia (Grã-Bretanha)

25/3 sexta-feira
Signo da Lua: Capricórnio
Fase da Lua: Minguante às 2h38
Cor: Vermelho ✣ Incenso: Hortênsias
Hilárias, festas romanas em honra de Cibele

26/3 sábado
Signo da Lua: Aquário às 21h56
Fase da Lua: Minguante
Início LFC: 20h52
Final LFC: 21h56
Cor: Amarelo ✣ Incenso: Alfazema

27/3 domingo
Signo da Lua: Aquário
Fase da Lua: Minguante
Cor: Cinza ✣ Incenso: Dama-da-noite

28/3 segunda-feira
Signo da Lua: Aquário
Fase da Lua: Minguante
Início LFC: 11h12
Cor: Verde ✣ Incenso: Sândalo
Antiga data do nascimento de Jesus

29/3 terça-feira
Signo da Lua: Peixes à 1h33
Fase da Lua: Minguante
Final LFC: 1h33
Cor: Laranja ✣ Incenso: Erva-cidreira
Festival da deusa egípcia Ishtar

30/3 quarta-feira
Signo da Lua: Peixes
Fase da Lua: Minguante
Cor: Roxo ✣ Incenso: Canela
Festival de Luna, deusa romana da Lua

31/3 quinta-feira
Signo da Lua: Áries às 6h32
Fase da Lua: Minguante
Início LFC: 3h38
Final LFC: 6h32
Cor: Lilás ✣ Incenso: Rosas

Abril de 2022

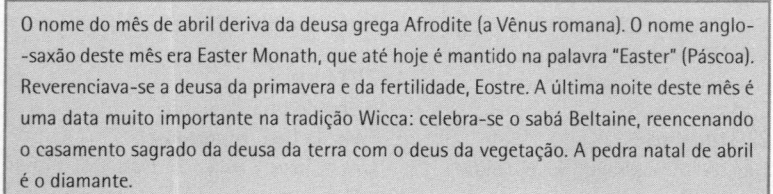

O nome do mês de abril deriva da deusa grega Afrodite (a Vênus romana). O nome anglo-saxão deste mês era Easter Monath, que até hoje é mantido na palavra "Easter" (Páscoa). Reverenciava-se a deusa da primavera e da fertilidade, Eostre. A última noite deste mês é uma data muito importante na tradição Wicca: celebra-se o sabá Beltaine, reencenando o casamento sagrado da deusa da terra com o deus da vegetação. A pedra natal de abril é o diamante.

1/4 sexta-feira
Signo da Lua: Áries
Fase da Lua: Nova às 3h26
Cor: Amarelo ✢ Incenso: Jasmim
Venerálias, festival romano em honra de Vênus, deusa da beleza e do amor

2/4 sábado
Signo da Lua: Touro às 13h51
Fase da Lua: Nova
Início LFC: 10h52
Final LFC: 13h51
Cor: Vermelho ✢ Incenso: Hortênsia
Festival de Cibele, a Grande Mãe

3/4 domingo
Signo da Lua: Touro
Fase da Lua: Nova
Cor: Preto ✢ Incenso: Canela

4/4 segunda-feira
Signo da Lua: Touro
Fase da Lua: Nova
Início LFC: 22h54
Cor: Marrom ✢ Incenso: Sálvia
Megalésias, festas romanas em honra de Cibele, a Mãe dos Deuses

5/4 terça-feira
Signo da Lua: Gêmeos às 0h05
Fase da Lua: Nova
Final LFC: 0h05
Cor: Laranja ✢ Incenso: Manjericão
Festival chinês em honra de Kuan Yin, deusa da cura

6/4 quarta-feira
Signo da Lua: Gêmeos
Fase da Lua: Nova
Cor: Cor-de-rosa ✢ Incenso: Dama-da-noite

7/4 quinta-feira
Signo da Lua: Câncer às 12h31
Fase da Lua: Nova
Início LFC: 0h16
Final LFC: 12h31
Cor: Laranja ✢ Incenso: Violetas
Dia Mundial da Saúde

8/4 sexta-feira
Signo da Lua: Câncer
Fase da Lua: Nova
Cor: Azul ✢ Incenso: Erva-cidreira

9/4 sábado
Signo da Lua: Câncer
Fase da Lua: Crescente às 3h49
Início LFC: 22h02
Cor: Verde ✢ Incenso: Canela

10/4 domingo
Signo da Lua: Leão à 1h01
Fase da Lua: Crescente
Final LFC: 1h01
Cor: Vermelho ✢ Incenso: Laranja
Dança do Sol no druidismo

11/4 segunda-feira
Signo da Lua: Leão
Fase da Lua: Crescente
Cor: Marrom ✣ Incenso: Alfazema

12/4 terça-feira
Signo da Lua: Virgem às 11h09
Fase da Lua: Crescente
Início LFC: 7h18
Final LFC: 11h09
Cor: Verde ✣ Incenso: Manjericão

13/4 quarta-feira
Signo da Lua: Virgem
Fase da Lua: Crescente
Cor: Cor-de-rosa ✣ Incenso: Hortênsia
Festival de primavera de Libertas, a deusa romana da Liberdade
Cereálias, festival romano em homenagem a Ceres, deusa da Terra e seus frutos

14/4 quinta-feira
Signo da Lua: Libra às 17h47
Fase da Lua: Crescente
Início LFC: 15h13
Final LFC: 17h47
Cor: Azul-marinho ✣ Incenso: Sândalo

15/4 sexta-feira
Signo da Lua: Libra
Fase da Lua: Crescente
Cor: Cinza ✣ Incenso: Rosas
Fordicálias, festas romanas em honra de Tellus, a personificação da Terra
Sexta-Feira Santa

16/4 sábado
Signo da Lua: Escorpião às 21h24
Fase da Lua: Cheia às 15h56 (Lua Rosa)
Início LFC: 18h58
Final LFC: 21h24
Cor: Preto ✣ Incenso: Violetas
Festival em honra do deus grego Apolo
Antigo festival a deusa Tellus, muitas vezes chamada Tellus Mater, a Mãe Terra
Sábado de Aleluia

17/4 domingo
Signo da Lua: Escorpião
Fase da Lua: Cheia
Cor: Laranja ✣ Incenso: Dama-da-noite
Páscoa

18/4 segunda-feira
Signo da Lua: Sagitário às 23h18
Fase da Lua: Cheia
Início LFC: 20h56
Final LFC: 23h18
Cor: Marrom ✣ Incenso: Sândalo

19/4 terça-feira
Signo da Lua: Sagitário
Fase da Lua: Cheia
O Sol entra em Touro às 23h25
Cor: Branco ✣ Incenso: Alfazema

20/4 quarta-feira
Signo da Lua: Sagitário
Fase da Lua: Cheia
Início LFC: 17h57
Cor: Vermelho ✣ Incenso: Canela

21/4 quinta-feira
Signo da Lua: Capricórnio à 0h53
Fase da Lua: Cheia
Final LFC: 0h53
Cor: Verde ✣ Incenso: Laranja
Parílias, festas romanas em honra de Pales, deusa dos pastores e das pastagens
Tiradentes

22/4 sexta-feira
Signo da Lua: Capricórnio
Fase da Lua: Cheia
Cor: Cinza ✣ Incenso: Rosas
Dia da Terra

Abril 2022

CALENDÁRIO WICCA

23/4 sábado
Signo da Lua: Aquário às 3h18
Fase da Lua: Minguante às 8h58
Início LFC: 0h54
Final LFC: 3h18
Cor: Amarelo ✣ Incenso: Manjericão
Vinálias, festas romanas em honra de Júpiter
Dia de São Jorge

24/4 domingo
Signo da Lua: Aquário
Fase da Lua: Minguante
Cor: Preto ✣ Incenso: Alfazema
Véspera do Dia de São Marcos, uma das noites tradicionais para se adivinhar o futuro

25/4 segunda-feira
Signo da Lua: Peixes às 7h16
Fase da Lua: Minguante
Cor: Marrom ✣ Incenso: Sálvia
Robigálias, festas romanas em honra de Robigo, deus dos trigais

26/4 terça-feira
Signo da Lua: Peixes
Fase da Lua: Minguante
Cor: Cinza ✣ Incenso: Erva-cidreira

27/4 quarta-feira
Signo da Lua: Áries às 13h11
Fase da Lua: Minguante
Início LFC: 10h37
Final LFC: 13h11
Cor: Azul ✣ Incenso: Violetas

28/4 quinta-feira
Signo da Lua: Áries
Fase da Lua: Minguante
Cor: Marrom ✣ Incenso: Sândalo
Florálias, festas romanas em honra de Flora, deusa da primavera e dos prazeres da juventude

29/4 sexta-feira
Signo da Lua: Touro às 21h20
Fase da Lua: Minguante
Início LFC: 18h40
Final LFC: 21h20
Cor: Verde ✣ Incenso: Dama-da-noite

30/4 sábado
Signo da Lua: Touro
Fase da Lua: Nova às 17h29 (Lua Violeta)
Eclipse parcial do Sol às 17h29
Cor: Vermelho ✣ Incenso: Laranja
Beltane – Véspera de Maio (HN)
Samhain (HS)

Maio de 2022

Maio, o mês dos casamentos, tem esse nome graças à deusa Maia, uma das Sete Irmãs Gregas (As Plêiades) e mãe de Hermes. Maio é o mês tradicional das festas e dos jogos de amor. O Dia de Maio é um dos mais importantes do ano. Ele recebe muitos nomes diferentes, um deles é La Beltaine. Beltane e a sexta estação do ano, da união mística. Por tradição, maio é o mês do surgimento da Deusa Mãe na Terra, seja na forma das Deusas da Wicca, de Mãe Maria e de várias deusas de outras religiões. Ela também é a representante do arquétipo da Mãe. A esmeralda é a pedra natal de maio.

1/5 domingo
Signo da Lua: Touro
Fase da Lua: Nova
Cor: Amarelo ✣ Incenso: Violetas

Festival de Belenus, deus celta do fogo e do Sol
Festa romana a Fauna, deusa da fertilidade
Dia do Trabalho
Dia de Maio

2/5 segunda-feira
Signo da Lua: Gêmeos às 7h48
Fase da Lua: Nova
Início LFC: 7h14
Final LFC: 7h48
Cor: Cinza ✣ Incenso: Erva-cidreira

3/5 terça-feira
Signo da Lua: Gêmeos
Fase da Lua: Nova
Cor: Lilás ✣ Incenso: Hortênsias

4/5 quarta-feira
Signo da Lua: Câncer às 20h06
Fase da Lua: Nova
Início LFC: 17h38
Final LFC: 20h06
Cor: Cor-de-rosa ✣ Incenso: Violetas

5/5 quinta-feira
Signo da Lua: Câncer
Fase da Lua: Nova
Cor: Branco ✣ Incenso: Sálvia

6/5 sexta-feira
Signo da Lua: Câncer
Fase da Lua: Nova
Cor: Cinza ✣ Incenso: Sândalo

7/5 sábado
Signo da Lua: Leão às 8h51
Fase da Lua: Nova
Início LFC: 7h27
Final LFC: 8h51
Cor: Azul-marinho ✣ Incenso: Rosas

8/5 domingo
Signo da Lua: Leão
Fase da Lua: Crescente às 21h23
Cor: Amarelo ✣ Incenso: Alfazema
Festival da Mente, deusa romana da inteligência e da espirituosidade
Dia das Mães

9/5 segunda-feira
Signo da Lua: Virgem às 19h54
Fase da Lua: Crescente
Início LFC: 9h40
Final LFC: 19h54
Cor: Preto ✣ Incenso: Jasmim
Lemúrias, festas romanas para afastar os Lêmures, maus espíritos, celebradas também nos dias 11 e 13 de maio

10/5 terça-feira
Signo da Lua: Virgem
Fase da Lua: Crescente
Cor: Branco ✣ Incenso: Canela

11/5 quarta-feira
Signo da Lua: Virgem
Fase da Lua: Crescente
Cor: Verde ✣ Incenso: Dama-da-noite

12/5 quinta-feira
Signo da Lua: Libra às 3h36
Fase da Lua: Crescente
Início LFC: 1h01
Final LFC: 3h36
Cor: Lilás ✣ Incenso: Rosas

13/5 sexta-feira
Signo da Lua: Libra
Fase da Lua: Crescente
Cor: Branco ✣ Incenso: Sândalo

14/5 sábado
Signo da Lua: Escorpião às 7h35
Fase da Lua: Crescente
Início LFC: 5h08
Final LFC: 7h35
Cor: Marrom ✣ Incenso: Manjericão

15/5 domingo
Signo da Lua: Escorpião
Fase da Lua: Crescente
Cor: Roxo ✢ Incenso: Violetas
Mercuriais, festas romanas em honra de Mercúrio, deus do comércio

16/5 segunda-feira
Signo da Lua: Sagitário às 8h52
Fase da Lua: Cheia à 1h15 (Lua Rosa)
Eclipse total da Lua à 1h15
Início LFC: 6h29
Final LFC: 8h52
Cor: Verde ✢ Incenso: Jasmim

17/5 terça-feira
Signo da Lua: Sagitário
Fase da Lua: Cheia
Cor: Lilás ✢ Incenso: Rosas
Festival de Dea Dia, a deusa em seu aspecto cosmos, mãe de todos nós

18/5 quarta-feira
Signo da Lua: Capricórnio às 9h03
Fase da Lua: Cheia
Início LFC: 1h01
Final LFC: 9h03
Cor: Verde ✢ Incenso: Erva-cidreira
Dia consagrado a Apolo, deus greco-romano da música, da poesia, da divinação e da luz do sol

19/5 quinta-feira
Signo da Lua: Capricórnio
Fase da Lua: Cheia
Cor: Vermelho ✢ Incenso: Alfazema

20/5 sexta-feira
Signo da Lua: Aquário às 9h54
Fase da Lua: Cheia
Início LFC: 9h01
Final LFC: 9h54
O Sol entra em Gêmeos às 22h24
Cor: Verde ✢ Incenso: Sândalo
Dia de Atenas na Grécia

21/5 sábado
Signo da Lua: Aquário
Fase da Lua: Cheia
Cor: Laranja ✢ Incenso: Dama-da-noite
Celebração da deusa celta Maeve, deusa da sabedoria da terra

22/5 domingo
Signo da Lua: Peixes às 12h51
Fase da Lua: Minguante às 15h44
Início LFC: 4h20
Final LFC: 12h51
Cor: Cinza ✢ Incenso: Hortênsias

23/5 segunda-feira
Signo da Lua: Peixes
Fase da Lua: Minguante
Cor: Lilás ✢ Incenso: Canela
Festival das Rosas, em homenagem à deusa romana Flora

24/5 terça-feira
Signo da Lua: Áries às 18h41
Fase da Lua: Minguante
Início LFC: 18h35
Final LFC: 18h41
Cor: Azul-marinho ✢ Incenso: Alfazema

25/5 quarta-feira
Signo da Lua: Áries
Fase da Lua: Minguante
Cor: Marrom ✢ Incenso: Sândalo

26/5 quinta-feira
Signo da Lua: Áries
Fase da Lua: Minguante
Cor: Roxo ✢ Incenso: Manjericão

27/5 sexta-feira
Signo da Lua: Touro às 3h24
Fase da Lua: Minguante
Início LFC: 0h21
Final LFC: 3h24
Cor: Preto ✢ Incenso: Alfazema

28/5 sábado
Signo da Lua: Touro
Fase da Lua: Minguante
Cor: Amarelo ✣ Incenso: Rosas

29/5 domingo
Signo da Lua: Gêmeos às 14h24
Fase da Lua: Minguante
Início LFC: 11h12
Final LFC: 14h24
Cor: Preto ✣ Incenso: Canela

30/5 segunda-feira
Signo da Lua: Gêmeos
Fase da Lua: Nova às 8h31
Cor: Vermelho ✣ Incenso: Alfazema

31/5 terça-feira
Signo da Lua: Gêmeos
Fase da Lua: Nova
Início LFC: 17h11
Cor: Verde ✣ Incenso: Erva-cidreira
Selistérnio romano, festival de Ísis como Stella Maris (Estrela do Mar)

Junho de 2022

O nome do mês de junho deriva da grande Deusa Mãe dos romanos, Juno, a Hera grega. Como Juno é a guardiã divina do sexo feminino, o mês de junho é muito favorável para casamentos. Em 21 de junho ou nas proximidades dessa data é o solstício de verão, o festival do Meio de Verão, o anglo-saxão Litha. Os povos europeus celebravam o solstício de verão com vários rituais, encantamentos, práticas oraculares, festas, danças e feiras. A pedra natal de junho é a ágata.

1/6 quarta-feira
Signo da Lua: Câncer às 2h50
Fase da Lua: Nova
Final LFC: 2h50
Cor: Azul ✣ Incenso: Manjericão
Festival consagrado a Carna, a deusa romana das portas e fechaduras, protetora da vida familiar.
Festa romana de Juno Moneta

2/6 quinta-feira
Signo da Lua: Câncer
Fase da Lua: Nova
Cor: Laranja ✣ Incenso: Violetas
Dia consagrado à Mãe Terra, em seu aspecto fértil

3/6 sexta-feira
Signo da Lua: Leão às 15h39
Fase da Lua: Nova
Início LFC: 12h16
Final LFC: 15h39
Cor: Lilás ✣ Incenso: Dama da noite
Belonárias, festas romanas em honra de Belona, deusa da guerra

4/6 sábado
Signo da Lua: Leão
Fase da Lua: Nova
Cor: Cor-de-rosa ✣ Incenso: Sândalo

5/6 domingo
Signo da Lua: Leão
Fase da Lua: Nova
Início LFC: 20h13
Cor: Preto ✣ Incenso: Alfazema

6/6 segunda-feira
Signo da Lua: Virgem às 3h23
Fase da Lua: Nova

Final LFC: 3h23
Cor: Branco ✣ Incenso: Hortênsias

7/6 terça-feira
Signo da Lua: Virgem
Fase da Lua: Crescente às 11h50
Cor: Cinza ✣ Incenso: Rosas
Vestálias, festas romanas em honra de Vesta, deusa do fogo doméstico

8/6 quarta-feira
Signo da Lua: Libra às 12h24
Fase da Lua: Crescente
Início LFC: 9h10
Final LFC: 12h24
Cor: Marrom Incenso: Manjericão
Festival romano da consciência, personificado pela deusa Mens, a mente

9/6 quinta-feira
Signo da Lua: Libra
Fase da Lua: Crescente
Cor: Laranja ✣ Incenso: Jasmim

10/6 sexta-feira
Signo da Lua: Escorpião às 17h42
Fase da Lua: Crescente
Início LFC: 14h38
Final LFC: 17h42
Cor: Azul ✣ Incenso: Rosas

11/6 sábado
Signo da Lua: Escorpião
Fase da Lua: Crescente
Cor: Azul-marinho ✣ Incenso: Canela
Matrálias, festas romanas em honra de Matuta, padroeira das tias

12/6 domingo
Signo da Lua: Sagitário às 19h33
Fase da Lua: Crescente
Início LFC: 18h41
Final LFC: 19h33
Cor: Vermelho ✣ Incenso: Violetas
*Véspera de Santo Antônio, dia tradicional das simpatias de amor
Dia dos Namorados*

13/6 segunda-feira
Signo da Lua: Sagitário
Fase da Lua: Crescente
Cor: Branco ✣ Incenso: Laranja
Dia de Santo Antônio

14/6 terça-feira
Signo da Lua: Capricórnio às 19h15
Fase da Lua: Cheia às 8h53
Início LFC: 11h59
Final LFC: 19h15
Cor: Amarelo ✣ Incenso: Rosas

15/6 quarta-feira
Signo da Lua: Capricórnio
Fase da Lua: Cheia
Cor: Verde ✣ Incenso: Canela

16/6 quinta-feira
Signo da Lua: Aquário às 18h45
Fase da Lua: Cheia
Início LFC: 15h43
Final LFC: 18h45
Cor: Branco ✣ Incenso: Dama-da-noite
Corpus Christi

17/6 sexta-feira
Signo da Lua: Aquário
Fase da Lua: Cheia
Cor: Cinza ✣ Incenso: Erva-cidreira
Festival romano de Ludi Piscatari, festival dos pescadores

18/6 sábado
Signo da Lua: Peixes às 20h02
Fase da Lua: Cheia
Início LFC: 15h51
Final LFC: 20h02
Cor: Amarelo ✣ Incenso: Hortênsias

19/6 domingo
Signo da Lua: Peixes
Fase da Lua: Cheia
Cor: Cor-de-rosa ✥ Incenso: Alfazema
Dia de Cerridween no paganismo

20/6 segunda-feira
Signo da Lua: Peixes
Fase da Lua: Cheia
Cor: Roxo ✥ Incenso: Erva-cidreira

21/6 terça-feira
Signo da Lua: Áries à 0h38
Fase da Lua: Minguante à 0h12
Início do Inverno às 6h15
Início LFC: 0h12
Final LFC: 0h38
O Sol entra em Câncer às 6h15
Cor: Preto ✥ Incenso: Dama-da-noite
Litha: Solstício de Verão (HN)
Yule: Solstício de Inverno (HS)

22/6 quarta-feira
Signo da Lua: Áries
Fase da Lua: Minguante
Cor: Marrom ✥ Incenso: Manjericão
Dia de Cu Chulainn no druidismo

23/6 quinta-feira
Signo da Lua: Touro às 8h59
Fase da Lua: Minguante
Início LFC: 5h04
Final LFC: 8h59
Cor: Branco ✥ Incenso: Laranja
Véspera de São João, dia tradicional das comemorações do solstício de verão no Hemisfério Norte.

24/6 sexta-feira
Signo da Lua: Touro
Fase da Lua: Minguante
Cor: Roxo ✥ Incenso: Sândalo

25/6 sábado
Signo da Lua: Gêmeos às 20h14
Fase da Lua: Minguante
Início LFC: 16h04
Final LFC: 20h14
Cor: Lilás ✥ Incenso: Alfazema

26/6 domingo
Signo da Lua: Gêmeos
Fase da Lua: Minguante
Cor: Amarelo ✥ Incenso: Dama-da-noite

27/6 segunda-feira
Signo da Lua: Gêmeos
Fase da Lua: Minguante
Início LFC: 23h39
Cor: Vermelho ✥ Incenso: Manjericão
Início do festival romano de Initium Aestatis, festival do início do verão

28/6 terça-feira
Signo da Lua: Câncer às 8h55
Fase da Lua: Nova às 23h53
Final LFC: 8h55
Cor: Verde ✥ Incenso: Rosas

29/6 quarta-feira
Signo da Lua: Câncer
Fase da Lua: Nova
Dia de São Pedro
Cor: Azul ✥ Incenso: Violetas
Dia de São Pedro

30/6 quinta-feira
Signo da Lua: Leão às 21h41
Fase da Lua: Nova
Início LFC: 17h15
Final LFC: 21h41
Cor: Laranja ✥ Incenso: Hortênsias

Julho de 2022

Julho recebeu esse nome graças a Júlio César, que reorganizou o antes caótico calendário romano, dando-lhe a forma do calendário juliano. Esse novo calendário foi implantado no ano 46 a.C., conhecido como o ano da confusão, depois do caos provocado pela troca de calendários. O calendário juliano tornou-se o mais usado no Ocidente nos 1600 anos seguintes. Foi substituído nos países católicos pelo calendário gregoriano no ano de 1582. A pedra de julho é o rubi.

1/7 sexta-feira
Signo da Lua: Leão
Fase da Lua: Nova
Cor: Azul ✣ Incenso: Laranja

2/7 sábado
Signo da Lua: Leão
Fase da Lua: Nova
Cor: Lilás Marrom ✣ Incenso: Dama-da-noite

3/7 domingo
Signo da Lua: Virgem às 9h32
Fase da Lua: Nova
Início LFC: 7h00
Final LFC: 9h32
Cor: Cinza ✣ Incenso: Hortênsias
Festival celta celebrando a deusa Cerridwen, a Detentora do caldeirão Sagrado

4/7 segunda-feira
Signo da Lua: Virgem
Fase da Lua: Nova
Cor: Branco ✣ Incenso: Sândalo

5/7 terça-feira
Signo da Lua: Libra às 19h26
Fase da Lua: Nova
Início LFC: 15h05
Final LFC: 19h26
Cor: Roxo ✣ Incenso: Alfazema

6/7 quarta-feira
Signo da Lua: Libra
Fase da Lua: Crescente às 23h15
Cor: Amarelo ✣ Incenso: Canela

7/7 quinta-feira
Signo da Lua: Libra
Fase da Lua: Crescente
Início LFC: 22h05
Cor: Verde ✣ Incenso: Erva-cidreira
Festival romano da Consuália, em homenagem a Consus, o deus da colheita

8/7 sexta-feira
Signo da Lua: Escorpião às 2h16
Fase da Lua: Crescente
Final LFC: 2h16
Cor: Branco ✣ Incenso: Alfazema

9/7 sábado
Signo da Lua: Escorpião
Fase da Lua: Crescente
Cor: Preto ✣ Incenso: Dama-da-noite
Revolução Constitucionalista

10/7 domingo
Signo da Lua: Sagitário às 5h35
Fase da Lua: Crescente
Início LFC: 1h35
Final LFC: 5h35
Cor: Laranja ✣ Incenso: Manjericão

11/7 segunda-feira
Signo da Lua: Sagitário
Fase da Lua: Crescente
Início LFC: 22h44
Cor: Azul ✢ Incenso: Hortênsias
Dia do deus egípcio Hórus

12/7 terça-feira
Signo da Lua: Capricórnio às 6h02
Fase da Lua: Crescente
Final LFC: 6h02
Cor: Azul-marinho ✢ Incenso: Canela
Dia do deus egípcio Set
Adônia, festa grega do amor

13/7 quarta-feira
Signo da Lua: Capricórnio
Fase da Lua: Cheia às 15h39
Cor: Lilás ✢ Incenso: Jasmim

14/7 quinta-feira
Signo da Lua: Aquário às 5h14
Fase da Lua: Cheia
Início LFC: 1h18
Final LFC: 5h14
Cor: Cinza ✢ Incenso: Laranja

15/7 sexta-feira
Signo da Lua: Aquário
Fase da Lua: Cheia
Cor: Cor-de-rosa ✢ Incenso: Violetas
Dia da deusa egípcia Néftis

16/7 sábado
Signo da Lua: Peixes às 5h19
Fase da Lua: Cheia
Início LFC: 1h38
Final LFC: 5h19
Cor: Vermelho ✢ Incenso: Erva-cidreira

17/7 domingo
Signo da Lua: Peixes
Fase da Lua: Cheia
Cor: Verde ✢ Incenso: Sândalo
Noite egípcia do Berço

18/7 segunda-feira
Signo da Lua: Áries às 18h19
Fase da Lua: Cheia
Início LFC: 3h44
Final LFC: 8h19
Cor: Marrom ✢ Incenso: Rosas
Noite egípcia da Gota

19/7 terça-feira
Signo da Lua: Áries
Fase da Lua: Cheia
Cor: Roxo ✢ Incenso: Dama-da-noite

20/7 quarta-feira
Signo da Lua: Touro às 15h24
Fase da Lua: Minguante às 11h20
Início LFC: 11h20
Final LFC: 15h24
Cor: Azul ✢ Incenso: Canela

21/7 quinta-feira
Signo da Lua: Touro
Fase da Lua: Minguante
Cor: Lilás ✢ Incenso: Alfazema

22/7 sexta-feira
Signo da Lua: Touro
Fase da Lua: Minguante
O Sol entra em Leão às 17h08
Início LFC: 20h46
Cor: Preto ✢ Incenso: Rosas

23/7 sábado
Signo da Lua: Gêmeos às 2h12
Fase da Lua: Minguante
Final LFC: 2h12
Cor: Branco ✢ Incenso: Sândalo
Neptunais, festas e jogos romanos em honra de Netuno, deus dos mares

24/7 domingo
Signo da Lua: Gêmeos
Fase da Lua: Minguante
Cor: Cor-de-rosa ✣ Incenso: Erva-cidreira

25/7 segunda-feira
Signo da Lua: Câncer às 14h55
Fase da Lua: Minguante
Início LFC: 5h16
Final LFC: 14h55
Cor: Vermelho ✣ Incenso: Hortênsias

26/7 terça-feira
Signo da Lua: Câncer
Fase da Lua: Minguante
Cor: Laranja ✣ Incenso: Jasmim

27/7 quarta-feira
Signo da Lua: Câncer
Fase da Lua: Minguante
Início LFC: 21h55
Cor: Azul-marinho ✣ Incenso: Dama-da-noite

28/7 quinta-feira
Signo da Lua: Leão às 3h37
Fase da Lua: Nova às 14h56
Final LFC: 3h37
Cor: Marrom ✣ Incenso: Manjericão

29/7 sexta-feira
Signo da Lua: Leão
Fase da Lua: Nova
Cor: Amarelo ✣ Incenso: Laranja

30/7 sábado
Signo da Lua: Virgem às 15h12
Fase da Lua: Nova
Início LFC: 1h30
Final LFC: 15h12
Cor: Branco ✣ Incenso: Canela

31/7 domingo
Signo da Lua: Virgem
Fase da Lua: Nova
Cor: Cinza ✣ Incenso: Alfazema

Agosto de 2022

Agosto tem esse nome graças ao primeiro imperador romano, Augusto César. No primeiro dia deste mês comemora-se o festival de Lammas. Muitos pagãos o chamam de Lughnassadh, a pronúncia irlandesa do nome moderno irlandês Lunasa. Lammas é a primeira colheita do ano, a colheita dos grãos. Esse mês é consagrado ao deus da sabedoria, Lugh. A pedra natal de agosto é a sardônica, um tipo de ônix.

1/8 segunda-feira
Signo da Lua: Virgem
Fase da Lua: Nova
Início LFC: 19h30
Cor: Verde ✣ Incenso: Sândalo
Festival de Lug, deus-herói celta
Lammas (HN)
Imbolc (HS)

2/8 terça-feira
Signo da Lua: Libra à 1h07
Fase da Lua: Nova
Final LFC: 1h07
Cor: Azul-marinho ✣ Incenso: Erva-cidreira

3/8 quarta-feira
Signo da Lua: Libra

Fase da Lua: Nova
Cor: Verde ✤ Incenso: Rosas

4/8 quinta-feira
Signo da Lua: Escorpião às 8h48
Fase da Lua: Nova
Início LFC: 3h21
Final LFC: 8h48
Cor: Roxo ✤ Incenso: Hortênsias

5/8 sexta-feira
Signo da Lua: Escorpião
Fase da Lua: Crescente às 8h08
Cor: Amarelo ✤ Incenso: Jasmim

6/8 sábado
Signo da Lua: Sagitário às 13h40
Fase da Lua: Crescente
Início LFC: 8h25
Final LFC: 13h40
Cor: Lilás ✤ Incenso: Dama-da-noite

7/8 domingo
Signo da Lua: Sagitário
Fase da Lua: Crescente
Cor: Preto ✤ Incenso: Manjericão
Festa egípcia da Inebriação em honra a Hathor

8/8 segunda-feira
Signo da Lua: Capricórnio às 15h40
Fase da Lua: Crescente
Início LFC: 7h31
Final LFC: 15h40
Cor: Branco ✤ Incenso: Laranja

9/8 terça-feira
Signo da Lua: Capricórnio
Fase da Lua: Crescente
Cor: Vermelho ✤ Incenso: Canela
Festival dos Espíritos do Fogo no neopaganismo

10/8 quarta-feira
Signo da Lua: Aquário às 15h46

Fase da Lua: Crescente
Início LFC: 13h41
Final LFC: 15h46
Cor: Azul ✤ Incenso: Alfazema

11/8 quinta-feira
Signo da Lua: Aquário
Fase da Lua: Cheia às 22h37
(Lua Rosa)
Cor: Cor-de-rosa ✤ Incenso: Sândalo

12/8 sexta-feira
Signo da Lua: Peixes às 15h45
Fase da Lua: Cheia
Início LFC: 8h08
Final LFC: 15h45
Cor: Verde ✤ Incenso: Erva-cidreira
Festival egípcio das Luzes de Ísis

13/8 sábado
Signo da Lua: Peixes
Fase da Lua: Cheia
Cor: Amarelo ✤ Incenso: Rosas
Festival da deusa Hécate, deusa que protege dos perigos e das maldições

14/8 domingo
Signo da Lua: Áries às 17h44
Fase da Lua: Cheia
Início LFC: 12h12
Final LFC: 17h44
Cor: Laranja ✤ Incenso: Hortênsias
Dia dos Pais

15/8 segunda-feira
Signo da Lua: Áries
Fase da Lua: Cheia
Cor: Branco Incenso: Jasmim
Nemorálias romanas, festa das mulheres e da luz

16/8 terça-feira
Signo da Lua: Touro às 23h23
Fase da Lua: Cheia
Início LFC: 17h19

CALENDÁRIO WICCA

Final LFC: 23h23
Cor: Preto ✤ Incenso: Dama-da-noite

17/8 quarta-feira
Signo da Lua: Touro
Fase da Lua: Cheia
Cor: Verde ✤ Incenso: Manjericão
Portumnálias, festas romanas em honra de Portumno, deus dos portos

18/8 quinta-feira
Signo da Lua: Touro
Fase da Lua: Cheia
Cor: Lilás ✤ Incenso: Laranja

19/8 sexta-feira
Signo da Lua: Gêmeos às 9h07
Fase da Lua: Minguante à 1h37
Início LFC: 8h07
Final LFC: 9h07
Cor: Vermelho ✤ Incenso: Canela
Vinálias, festas romanas em honra de Vênus, deusa do amor

20/8 sábado
Signo da Lua: Gêmeos
Fase da Lua: Minguante
Cor: Roxo ✤ Incenso: Alfazema

21/8 domingo
Signo da Lua: Câncer às 21h30
Fase da Lua: Minguante
Início LFC: 19h08
Final LFC: 21h30
Cor: Cinza ✤ Incenso: Sândalo
Consuálias, festas romanas em honra de Conso, deus do conselho

22/8 segunda-feira
Signo da Lua: Câncer
Fase da Lua: Minguante
Cor: Preto ✤ Incenso: Erva-cidreira

23/8 terça-feira
Signo da Lua: Câncer

Fase da Lua: Minguante
O Sol entra em Virgem às 24h17
Cor: Marrom ✤ Incenso: Rosas
Vulcanálias, festival romano em honra de Vulcano, deus do fogo e dos vulcões
Dia da deusa grega Nêmesis, defensora das relíquias e da memória dos mortos

24/8 quarta-feira
Signo da Lua: Leão às 10h10
Fase da Lua: Minguante
Início LFC: 6h41
Final LFC: 10h10
Cor: Azul-marinho ✤ Incenso: Hortênsias
Festival em homenagem aos Manes, espíritos dos ancestrais

25/8 quinta-feira
Signo da Lua: Leão
Fase da Lua: Minguante
Cor: Amarelo ✤ Incenso: Jasmim
Opiconsívias

26/8 sexta-feira
Signo da Lua: Virgem às 21h26
Fase da Lua: Minguante
Início LFC: 3h56
Final LFC: 21h26
Cor: Verde ✤ Incenso: Dama-da-noite

27/8 sábado
Signo da Lua: Virgem
Fase da Lua: Nova às 5h18
Cor: Vermelho ✤ Incenso: Manjericão

28/8 domingo
Signo da Lua: Virgem
Fase da Lua: Nova
Cor: Azul ✤ Incenso: Laranja

29/8 segunda-feira
Signo da Lua: Libra às 6h46
Fase da Lua: Nova
Início LFC: 0h09

Final LFC: 6h46
Cor: Roxo ✣ Incenso: Canela

30/8 terça-feira
Signo da Lua: Libra
Fase da Lua: Nova
Cor: Branco ✣ Incenso: Sândalo

31/8 quarta-feira
Signo da Lua: Escorpião às 14h12
Fase da Lua: Nova
Início LFC: 7h45
Final LFC: 14h12
Cor: Lilás ✣ Incenso: Alfazema

Setembro de 2022

Setembro tem esse nome porque é o sétimo mês do calendário romano. Os nomes dos três meses seguintes também foram nomeados desse modo. A deusa Pomona, patrona das frutas e das árvores frutíferas, é a deusa regente do mês de setembro. Em vários países do Hemisfério Norte, era celebrado o equinócio de outono, chamado de Mabon. Reconhecia-se e comemorava-se a diminuição da luz, do calor e do ritmo de vida. A pedra de setembro é a safira.

1/9 quinta-feira
Signo da Lua: Escorpião
Fase da Lua: Nova
Cor: Verde ✣ Incenso: Erva-cidreira

2/9 sexta-feira
Signo da Lua: Sagitário às 19h41
Fase da Lua: Nova
Início LFC: 14h23
Final LFC: 19h41
Cor: Azul ✣ Incenso: Rosas
Festejos a Ariadne e a Dioniso na Grécia

3/9 sábado
Signo da Lua: Sagitário
Fase da Lua: Crescente às 15h09
Cor: Azul ✣ Incenso: Violetas

4/9 domingo
Signo da Lua: Capricórnio às 23h04
Fase da Lua: Crescente
Início LFC: 22h52
Final LFC: 23h04
Cor: Lilás ✣ Incenso: Jasmim

5/9 segunda-feira
Signo da Lua: Capricórnio
Fase da Lua: Crescente
Cor: Preto ✣ Incenso: Dama-da-noite

6/9 terça-feira
Signo da Lua: Capricórnio
Fase da Lua: Crescente
Início LFC: 18h44
Cor: Roxo ✣ Incenso: Manjericão

7/9 quarta-feira
Signo da Lua: Aquário à 0h42
Fase da Lua: Crescente
Final LFC: 0h42
Cor: Verde ✣ Incenso: Laranja
Independência do Brasil

8/9 quinta-feira
Signo da Lua: Aquário
Fase da Lua: Crescente
Início LFC: 9h35
Cor: Azul ✣ Incenso: Alfazema

9/9 sexta-feira
Signo da Lua: Peixes à 1h43
Fase da Lua: Crescente
Final LFC: 1h43
Cor: Preto ✧ Incenso: Sândalo

10/9 sábado
Signo da Lua: Peixes
Fase da Lua: Cheia às 7h00
Início LFC: 21h30
Cor: Preto ✧ Incenso: Erva-cidreira

11/9 domingo
Signo da Lua: Áries às 3h48
Fase da Lua: Cheia
Final LFC: 3h48
Cor: Branco ✧ Incenso: Rosas
Dias das Rainhas no Egito

12/9 segunda-feira
Signo da Lua: Áries
Fase da Lua: Cheia
Cor: Laranja ✧ Incenso: Hortênsias

13/9 terça-feira
Signo da Lua: Touro às 8h40
Fase da Lua: Cheia
Início LFC: 1h54
Final LFC: 8h40
Cor: Amarelo ✧ Incenso: Violetas
Festival romano do Lectistérnio, em homenagem a Júpiter, Juno e Minerva, praticado nos tempos de calamidade pública

14/9 quarta-feira
Signo da Lua: Touro
Fase da Lua: Cheia
Cor: Marrom ✧ Incenso: Jasmim

15/9 quinta-feira
Signo da Lua: Gêmeos às 17h17
Fase da Lua: Cheia
Início LFC: 10h00

Final LFC: 17h17
Cor: Preto ✧ Incenso: Dama-da-noite

16/9 sexta-feira
Signo da Lua: Gêmeos
Fase da Lua: Cheia
Cor: Vermelho ✧ Incenso: Manjericão

17/9 sábado
Signo da Lua: Gêmeos
Fase da Lua: Minguante às 18h53
Início LFC: 18h53
Cor: Lilás ✧ Incenso: Alfazema
Honras a Deméter na Grécia
Celebração egípcia do aniversário de Hathor

18/9 domingo
Signo da Lua: Câncer às 5h00
Fase da Lua: Minguante
Final LFC: 5h00
Cor: Azul-marinho ✧ Incenso: Erva-cidreira

19/9 segunda-feira
Signo da Lua: Câncer
Fase da Lua: Minguante
Cor: Verde ✧ Incenso: Rosas
Festival egípcio em honra a Thoth, deus da sabedoria e da magia

20/9 terça-feira
Signo da Lua: Leão às 17h39
Fase da Lua: Minguante
Início LFC: 12h58
Final LFC: 17h39
Cor: Amarelo ✧ Incenso: Rosas

21/9 quarta-feira
Signo da Lua: Leão
Fase da Lua: Minguante
Cor: Marrom ✧ Incenso: Violetas
Festival egípcio da Vida Divina, dedicado a deusa tríplice
Mistérios Eleusinos Maiores

22/9 quinta-feira
Signo da Lua: Leão
Fase da Lua: Minguante
Início da Primavera às 22h05
O Sol entra em Libra às 22h05
Início LFC: 8h08
Cor: Branco ✣ Incenso: Jasmim
Mabon: Equinócio de Outono (HN)
Ostara: Equinócio de Primavera (HS)

23/9 sexta-feira
Signo da Lua: Virgem às 4h55
Fase da Lua: Minguante
Final LFC: 4h55
Cor: Cinza ✣ Incenso: Manjericão

24/9 sábado
Signo da Lua: Virgem
Fase da Lua: Minguante
Cor: Laranja ✣ Incenso: Dama-
-da-noite

25/9 domingo
Signo da Lua: Libra às 14h44
Fase da Lua: Nova às 18h56
Início LFC: 9h50
Final LFC: 13h44
Cor: Azul-marinho ✣ Incenso: Sândalo

26/9 segunda-feira
Signo da Lua: Libra
Fase da Lua: Nova
Cor: Preto ✣ Incenso: Rosas
Festival chinês a Chang-O, deusa da Lua

27/9 terça-feira
Signo da Lua: Escorpião às 20h16
Fase da Lua: Nova
Início LFC: 13h22
Final LFC: 20h16
Cor: Azul ✣ Incenso: Dama-da-noite

28/9 quarta-feira
Signo da Lua: Escorpião
Fase da Lua: Nova
Cor: Lilás ✣ Incenso: Hortênsias
Festival a Deméter na Grécia

29/9 quinta-feira
Signo da Lua: Escorpião
Fase da Lua: Nova
Início LFC: 18h21
Cor: Marrom ✣ Incenso: Canela

30/9 sexta-feira
Signo da Lua: Sagitário à 1h05
Fase da Lua: Nova
Final LFC: 1h05
Cor: Roxo ✣ Incenso: Violetas
Dia de oferendas a Medetrina, deusa romana da medicina

Outubro de 2022

Outubro, o oitavo mês do ano no calendário romano, é consagrado à deusa Astreia, filha de Zeus e Têmis, que vivia entre os homens durante a Era de Ouro. O último dia de outubro, o Halloween, é o primeiro dia regido pela deusa Samhain. O festival de Samhain começa no pôr do sol do dia 31 de outubro, o Ano-Novo da tradição celta. Por tradição, essa é a época das primeiras geadas e da última colheita. A pedra natal deste mês é a opala.

1/10 sábado
Signo da Lua: Sagitário
Fase da Lua: Nova
Início LFC: 18h47
Cor: Azul ✣ Incenso: Manjericão
Festival de Fidius, deusa romana da boa-fé

2/10 domingo
Signo da Lua: Capricórnio às 4h39
Fase da Lua: Crescente às 21h15
Final LFC: 4h39
Cor: Preto ✢ Incenso: Dama-da-noite
Dia dos Guias Espirituais na Wicca

3/10 segunda-feira
Signo da Lua: Capricórnio
Fase da Lua: Crescente
Cor: Vermelho ✢ Incenso: Alfazema
Festival de Dioniso
Festa egípcia das Lamentações

4/10 terça-feira
Signo da Lua: Aquário às 7h22
Fase da Lua: Crescente
Início LFC: 0h50
Final LFC: 7h22
Cor: Verde ✢ Incenso: Sândalo
Cerimônia a Ceres, deusa da agricultura

5/10 quarta-feira
Signo da Lua: Aquário
Fase da Lua: Crescente
Início LFC: 19h47
Cor: Branco ✢ Incenso: Erva-cidreira

6/10 quinta-feira
Signo da Lua: Peixes às 9h48
Fase da Lua: Crescente
Final LFC: 9h48
Cor: Lilás ✢ Incenso: Rosas

7/10 sexta-feira
Signo da Lua: Peixes
Fase da Lua: Crescente
Cor: Cinza ✢ Incenso: Hortênsias

8/10 sábado
Signo da Lua: Áries às 12h58
Fase da Lua: Crescente
Início LFC: 8h12
Final LFC: 12h58
Cor: Azul-marinho ✢ Incenso: Violetas
Chung Yeung, festival da sorte na China

9/10 domingo
Signo da Lua: Áries
Fase da Lua: Cheia às 17h56
Cor: Marrom ✢ Incenso: Jasmim
Festa de Felicidade, deusa romana da sorte e da alegria

10/10 segunda-feira
Signo da Lua: Touro às 18h05
Fase da Lua: Cheia
Início LFC: 11h03
Final LFC: 18h05
Cor: Verde ✢ Incenso: Dama-da-noite

11/10 terça-feira
Signo da Lua: Touro
Fase da Lua: Cheia
Cor: Roxo ✢ Incenso: Manjericão
Dia da Anciã das Árvores na Wicca
Meditrinálias, festas romanas em honra de Meditrina, deusa da cura

12/10 quarta-feira
Signo da Lua: Touro
Fase da Lua: Cheia
Início LFC: 18h43
Cor: Azul ✢ Incenso: Laranja
Festival da Fortuna Redux, deusa romana das viagens e dos retornos seguros
Dia de Nossa Senhora Aparecida

13/10 quinta-feira
Signo da Lua: Gêmeos às 2h09
Fase da Lua: Cheia
Final LFC: 2h09
Cor: Azul ✢ Incenso: Sândalo
Fontinálias, festas romanas em honra das ninfas das fontes

14/10 sexta-feira
Signo da Lua: Gêmeos

Fase da Lua: Cheia
Cor: Vermelho ✢ Incenso: Hortênsias

15/10 sábado
Signo da Lua: Câncer às 13h12
Fase da Lua: Cheia
Início LFC: 1h12
Final LFC: 13h12
Cor: Amarelo ✢ Incenso: Violetas
Festival de Marte, deus romano da guerra

16/10 domingo
Signo da Lua: Câncer
Fase da Lua: Cheia
Cor: Verde ✢ Incenso: Jasmim

17/10 segunda-feira
Signo da Lua: Câncer
Fase da Lua: Minguante às 14h16
Início LFC: 17h58
Cor: Marrom ✢ Incenso: Manjericão

18/10 terça-feira
Signo da Lua: Leão à 1h46
Fase da Lua: Minguante
Final LFC: 1h46
Cor: Branco ✢ Incenso: Rosas
Dia do Deus Astado na Wicca gardneriana

19/10 quarta-feira
Signo da Lua: Leão
Fase da Lua: Minguante
Cor: Preto ✢ Incenso: Sândalo
Armilústrio, festas romanas em honra de Marte, deus da guerra

20/10 quinta-feira
Signo da Lua: Virgem às 13h27
Fase da Lua: Minguante
Início LFC: 7h36
Final LFC: 13h27
Cor: Vermelho ✢ Incenso: Hortênsias

21/10 sexta-feira
Signo da Lua: Virgem
Fase da Lua: Minguante
Cor: Cor-de-rosa ✢ Incenso: Canela

22/10 sábado
Signo da Lua: Libra às 22h45
Fase da Lua: Minguante
Início LFC: 15h19
Final LFC: 22h25
Cor: Verde ✢ Incenso: Alfazema

23/10 domingo
Signo da Lua: Libra
Fase da Lua: Minguante
O Sol entra em Escorpião à 7h37
Cor: Laranja ✢ Incenso: Sândalo

24/10 segunda-feira
Signo da Lua: Libra
Fase da Lua: Minguante
Início LFC: 21h37
Cor: Azul-marinho ✢ Incenso: Erva-cidreira
Festival do Espírito dos Ares na Wicca e no neopaganismo

25/10 terça-feira
Signo da Lua: Escorpião às 4h20
Fase da Lua: Nova às 7h50
Final LFC: 4h20
Eclipse parcial do Sol às 7h50
Cor: Amarelo ✢ Incenso: Rosas

26/10 quarta-feira
Signo da Lua: Escorpião
Fase da Lua: Nova
Cor: Verde ✢ Incenso: Hortênsias

27/10 quinta-feira
Signo da Lua: Sagitário às 7h56
Fase da Lua: Nova
Início LFC: 1h29
Final LFC: 7h56
Cor: Vermelho ✢ Incenso: Violetas

28/10 sexta-feira
Signo da Lua: Sagitário
Fase da Lua: Nova
Cor: Lilás ✢ Incenso: Jasmim
Festival em honra de Isis no Egito

29/10 sábado
Signo da Lua: Capricórnio às 10h23
Fase da Lua: Nova
Início LFC: 10h11
Final LFC: 10h23
Cor: Marrom ✢ Incenso: Dama-da-noite

30/10 domingo
Signo da Lua: Capricórnio
Fase da Lua: Nova
Cor: Preto ✢ Incenso: Manjericão

31/10 segunda-feira
Signo da Lua: Aquário às 12h44
Fase da Lua: Nova
Início LFC: 12h16
Final LFC: 12h44
Cor: Lilás ✢ Incenso: Laranja
Samhain – Halloween (HN)
Beltane (HS)

Novembro de 2022

Novembro começa com o festival de Samhain, o Dia de Todos os Santos. Na tradição celta, novembro marca o início do ano natural. Samhain era o primeiro dia do antigo ano celta. Embora seja agora o décimo primeiro mês do ano, novembro tem esse nome por ter sido o nono mês do calendário romano. A pedra natal de novembro é o topázio.

1/11 terça-feira
Signo da Lua: Aquário
Fase da Lua: Crescente às 3h38
Cor: Azul ✢ Incenso: Canela
Cailleach's Reign, festival em honra da antiga deusa-anciã celta
Dia de Todos os Santos

2/11 quarta-feira
Signo da Lua: Peixes às 15h48
Fase da Lua: Crescente
Início LFC: 8h09
Final LFC: 15h48
Cor: Roxo ✢ Incenso: Sândalo
Dia das Feiticeiras na Ibéria
Dia de Finados

3/11 quinta-feira
Signo da Lua: Peixes
Fase da Lua: Crescente
Cor: Verde ✢ Incenso: Alfazema

4/11 sexta-feira
Signo da Lua: Áries às 20h08
Fase da Lua: Crescente
Início LFC: 19h06
Final LFC: 20h08
Cor: Amarelo ✢ Incenso: Rosas

5/11 sábado
Signo da Lua: Áries
Fase da Lua: Crescente
Cor: Verde ✢ Incenso: Erva-cidreira

6/11 domingo
Signo da Lua: Áries
Fase da Lua: Crescente
Início LFC: 19h31
Cor: Branco ✢ Incenso: Hortênsias
Festival à deusa babilônica Tiamat

7/11 segunda-feira
Signo da Lua: Touro às 2h16
Fase da Lua: Crescente

Final LFC: 2h16
Cor: Cor-de-rosa ✜ Incenso: Violetas
Noite da deusa grega Hécate, na Wicca gardneriana

8/11 terça-feira
Signo da Lua: Touro
Fase da Lua: Cheia às 8h03
(Lua Rosa)
Eclipse total da Lua às 8h03
Cor: Laranja ✜ Incenso: Jasmim
Festival romano de Mania, em comemoração aos Manes, espíritos do mundo subterrâneo.

9/11 quarta-feira
Signo da Lua: Gêmeos às 10h38
Fase da Lua: Cheia
Início LFC: 9h01
Final LFC: 10h38
Cor: Marrom ✜ Incenso: Dama-da-noite

10/11 quinta-feira
Signo da Lua: Gêmeos
Fase da Lua: Cheia
Cor: Azul-marinho ✜ Incenso: Manjericão

11/11 sexta-feira
Signo da Lua: Câncer às 21h23
Fase da Lua: Cheia
Início LFC: 19h30
Final LFC: 21h23
Cor: Preto ✜ Incenso: Laranja
Lunantshees, festival em honra do povo das fadas na Irlanda

12/11 sábado
Signo da Lua: Câncer
Fase da Lua: Cheia
Cor: Vermelho ✜ Incenso: Canela

13/11 domingo
Signo da Lua: Câncer
Fase da Lua: Cheia
Cor: Verde ✜ Incenso: Alfazema
Festival romano em honra de Júpiter
Festival romano em honra de Ferônia, a deusa protetora dos libertos

14/11 segunda-feira
Signo da Lua: Leão às 9h49
Fase da Lua: Cheia
Início LFC: 7h42
Final LFC: 9h49
Cor: Lilás ✜ Incenso: Sândalo
Festival dos Bardos no druidismo

15/11 terça-feira
Signo da Lua: Leão
Fase da Lua: Cheia
Cor: Azul ✜ Incenso: Erva-cidreira
Ferônia, festival pagão do fogo
Proclamação da República

16/11 quarta-feira
Signo da Lua: Virgem às 22h05
Fase da Lua: Minguante às 10h28
Início LFC: 20h57
Final LFC: 22h05
Cor: Azul-marinho ✜ Incenso: Rosas
Festival das Luzes, que marca o ano-novo hindu

17/11 quinta-feira
Signo da Lua: Virgem
Fase da Lua: Minguante
Cor: Cinza ✜ Incenso: Hortênsias

18/11 sexta-feira
Signo da Lua: Virgem
Fase da Lua: Minguante
Cor: Branco ✜ Incenso: Violetas
Ardvi Sura, festival em honra da deusa persa Aerdi, a Mãe das Estrelas

19/11 sábado
Signo da Lua: Libra às 7h59
Fase da Lua: Minguante

Início LFC: 5h48
Final LFC: 7h59
Cor: Amarelo ✤ Incenso: Jasmim

20/11 domingo
Signo da Lua: Libra
Fase da Lua: Minguante
Cor: Cor-de-rosa ✤ Incenso: Dama--da-noite
Dia da Consciência Negra

21/11 segunda-feira
Signo da Lua: Escorpião às 14h17
Fase da Lua: Minguante
Início LFC: 8h16
Final LFC: 14h17
Cor: Verde ✤ Incenso: Manjericão
Celebração da deusa celta Cailleach, senhora da noite e da morte

22/11 terça-feira
Signo da Lua: Escorpião
Fase da Lua: Minguante
O Sol entra em Sagitário às 5h22
Cor: Marrom ✤ Incenso: Laranja
Dia dedicado à deusa greco-romana Ártemis/Diana

23/11 quarta-feira
Signo da Lua: Sagitário às 17h17
Fase da Lua: Nova às 19h58
Início LFC: 15h17
Final LFC: 17h17
Cor: Lilás ✤ Incenso: Canela

24/11 quinta-feira
Signo da Lua: Sagitário
Fase da Lua: Nova
Cor: Cinza ✤ Incenso: Alfazema
Tori No Ichi, festival da Boa Fortuna no Japão
Festa a Baba Yaga
Honras às deusas egípcias da maternidade

25/11 sexta-feira
Signo da Lua: Capricórnio às 18h19
Fase da Lua: Nova
Início LFC: 16h23
Final LFC: 18h19
Cor: Amarelo ✤ Incenso: Sândalo
Dia consagrado a Perséfone, deusa dos subterrâneos

26/11 sábado
Signo da Lua: Capricórnio
Fase da Lua: Nova
Cor: Preto ✤ Incenso: Erva-cidreira
Antigo festival em honra das deusas do fogo no Tibete

27/11 domingo
Signo da Lua: Aquário às 19h08
Fase da Lua: Nova
Início LFC: 17h12
Final LFC: 19h08
Cor: Azul ✤ Incenso: Rosas
Parvati Devi, festas em honra da deusa tríplice hindu

28/11 segunda-feira
Signo da Lua: Aquário
Fase da Lua: Nova
Cor: Amarelo ✤ Incenso: Hortênsias
Festival em honra a Sofia, deusa grega do conhecimento

29/11 terça-feira
Signo da Lua: Peixes às 21h16
Fase da Lua: Nova
Início LFC: 3h55
Final LFC: 21h16
Cor: Vermelho ✤ Incenso: Violetas

30/11 quarta-feira
Signo da Lua: Peixes
Fase da Lua: Crescente às 11h38
Cor: Branco ✤ Incenso: Jasmim

Dezembro de 2022

O nome deste mês deriva de Décima, uma das três Parcas (*Fates*, em inglês), que decidiam o curso da vida humana. O nome anglo-saxão desse mês era Aerra Geola, "o mês antes de Yule". O maior festival de dezembro é o solstício de inverno (no Hemisfério Norte), também chamado de Yule, Alban Arthuan e Meio do Verão. O festival de Natal é uma amálgama de muitas tradições religiosas, antigas e modernas, pagãs, zoroastras, judaicas, mitraicas e cristãs. A pedra do mês de dezembro é a turquesa.

1/12 quinta-feira
Signo da Lua: Peixes
Fase da Lua: Crescente
Início LFC: 23h46
Cor: Verde ✣ Incenso: Canela
Festival de Poseidon, deus grego do mar e do renascimento.

2/12 sexta-feira
Signo da Lua: Áries à 1h42
Fase da Lua: Crescente
Final LFC: 1h42
Cor: Cinza ✣ Incenso: Sândalo
Hari Kugo, dia das feiticeiras no Japão

3/12 sábado
Signo da Lua: Áries
Fase da Lua: Crescente
Cor: Cor-de-rosa ✣ Incenso: Alfazema
Dia da Bona Dea, a deusa da bondade

4/12 domingo
Signo da Lua: Touro às 8h39
Fase da Lua: Crescente
Início LFC: 2h47
Final LFC: 8h39
Cor: Laranja ✣ Incenso: Rosas
Minerválias, festival em honra da deusa romana Minerva

5/12 segunda-feira
Signo da Lua: Touro
Fase da Lua: Crescente
Cor: Azul-marinho ✣ Incenso: Violetas
Festival em honra do deus grego Poseidon
Festejos à deusa Lucina, senhora da Luz e dos Infantes na Itália

6/12 terça-feira
Signo da Lua: Gêmeos às 17h50
Fase da Lua: Crescente
Início LFC: 16h03
Final LFC: 17h50
Cor: Marrom ✣ Incenso: Erva-cidreira

7/12 quarta-feira
Signo da Lua: Gêmeos
Fase da Lua: Crescente
Cor: Preto ✣ Incenso: Hortênsias

8/12 quinta-feira
Signo da Lua: Gêmeos
Fase da Lua: Cheia à 1h09
Cor: Lilás ✣ Incenso: Violetas
Festival em honra da deusa egípcia Neit e dia sagrado de Astraea, deusa grega da justiça

9/12 sexta-feira
Signo da Lua: Câncer às 4h50
Fase da Lua: Cheia
Início LFC: 3h15
Final LFC: 4h50
Cor: Roxo ✣ Incenso: Jasmim

10/12 sábado
Signo da Lua: Câncer
Fase da Lua: Cheia

Cor: Azul ✣ Incenso: Dama-da-noite
Festival romano de Lux Mundi, a Luz do Mundo e epíteto da deusa da Liberdade.

11/12 Domingo
Signo da Lua: Leão às 17h10
Fase da Lua: Cheia
Início LFC: 15h50
Final LFC: 17h10
Cor: Vermelho ✣ Incenso: Majericão

12/12 segunda-feira
Signo da Lua: Leão
Fase da Lua: Cheia
Cor: Verde ✣ Incenso: Laranja

13/12 terça-feira
Signo da Lua: Leão
Fase da Lua: Cheia
Início LFC: 12h53
Cor: Amarelo ✣ Incenso: Canela
Dia de Santa Lúcia, ou Pequeno Yule, festival das luzes.

14/12 quarta-feira
Signo da Lua: Virgem às 5h47
Fase da Lua: Cheia
Final LFC: 5h47
Cor: Branco ✣ Incenso: Alfazema

15/12 quinta-feira
Signo da Lua: Virgem
Fase da Lua: Cheia
Cor: Preto ✣ Incenso: Sândalo

16/12 sexta-feira
Signo da Lua: Libra às 16h50
Fase da Lua: Minguante às 5h57
Início LFC: 16h14
Final LFC: 16h50
Cor: Laranja ✣ Incenso: Erva-cidreira

17/12 sábado
Signo da Lua: Libra
Fase da Lua: Minguante
Cor: Marrom ✣ Incenso: Manjericão
Saturnais, festival em honra de Saturno

18/12 domingo
Signo da Lua: Libra
Fase da Lua: Minguante
Início LFC: 19h37
Cor: Branco ✣ Incenso: Laranja

19/12 segunda-feira
Signo da Lua: Escorpião à 0h32
Fase da Lua: Minguante
Final LFC: 0h32
Cor: Branco ✣ Incenso: Jasmim
Eponália, dia dedicado à deusa romana Epona, patrona dos cavalos

20/12 terça-feira
Signo da Lua: Escorpião
Fase da Lua: Minguante
Início LFC: 23h46
Cor: Cinza ✣ Incenso: Rosas
Opálias, festas romanas em honra de Ops, deusa da abundância

21/12 quarta-feira
Signo da Lua: Sagitário às 4h14
Fase da Lua: Minguante
Início do Verão às 18h49
O Sol entra em Capricórnio às 18h49
Final LFC: 4h14
Cor: Cor-de-rosa ✣ Incenso: Violetas
Ageronaias, festas romanas em honra de Angerona, deusa das cidades e dos campos
Yule – Solstício de Inverno (HN)
Litha – Solstício de Verão (HS)

22/12 quinta-feira
Signo da Lua: Sagitário
Fase da Lua: Minguante
Início LFC: 17h17
Cor: Laranja ✣ Incenso: Hortênsias
Laurentálias, festas romanas em honra de Aça Laurência, ama de Rômulo e Remo

23/12 sexta-feira
Signo da Lua: Capricórnio às 4h51
Fase da Lua: Nova às 7h18
Final LFC: 4h51
Cor: Azul-marinho ✣ Incenso: Dama-da-noite

24/12 sábado
Signo da Lua: Capricórnio
Fase da Lua: Nova
Cor: Marrom ✣ Incenso: Rosas

25/12 domingo
Signo da Lua: Aquário às 4h15
Fase da Lua: Nova
Início LFC: 0h12
Final LFC: 4h15
Cor: Preto ✣ Incenso: Manjericão
Natal

26/12 segunda-feira
Signo da Lua: Aquário
Fase da Lua: Nova
Início LFC: 1h21
Cor: Lilás ✣ Incenso: Laranja

27/12 terça-feira
Signo da Lua: Peixes às 4h35
Fase da Lua: Nova
Final LFC: 4h35
Cor: Roxo ✣ Incenso: Canela
Nascimento de Freia, deusa nórdica da fertilidade, da beleza e do amor

28/12 quarta-feira
Signo da Lua: Peixes
Fase da Lua: Nova
Cor: Azul ✣ Incenso: Alfazema

29/12 quinta-feira
Signo da Lua: Áries às 7h37
Fase da Lua: Crescente às 22h22
Início LFC: 3h22
Final LFC: 7h37
Cor: Vermelho ✣ Incenso: Sândalo

30/12 sexta-feira
Signo da Lua: Áries
Fase da Lua: Crescente
Cor: Verde ✣ Incenso: Erva-cidreira

31/12 sábado
Signo da Lua: Touro às 14h10
Fase da Lua: Crescente
Início LFC: 9h46
Final LFC: 14h10
Cor: Amarelo ✣ Incenso: Rosas
Véspera de Ano Novo

Obs.: Fontes das datas festivas: *O Anuário da Grande Mãe*, de Mirella Faur; *Calendário Vida e Magia*, de Eddie Van Feu; *Dicionário da Mitologia Latina*, de Tassilo Orpheu Spalding, Editora Cultrix; *Dicionário da Mitologia Grega*, Ruth Guimarães, Editora Cultrix; *O Caminho da Deusa*, Patricia Monaghan, Editora Pensamento.

A Dança Espiral do Tarô

A magia dos arcanos maiores femininos e suas influências em 2022

E se você descobrisse que diversas deusas estão presentes nas cartas do Tarô? E se soubesse que é possível invocá-las como mestras e aliadas em rituais, feitiços e meditações? O Tarô é um oráculo e uma ferramenta de inspiração e de empoderamento. Suas figuras têm resistido ao tempo porque fazem parte de uma estrutura simbólica que representa o ser humano e sua relação com o mundo e com o divino. E ler as cartas sem dar a devida atenção às suas deusas e poderosas mulheres é deixar de lado a sua magia.

Sabendo que magia é energia, a bruxa e ativista Starhawk diz, em *A Dança Cósmica das Feiticeiras* (Editora Pensamento), que "a energia flui em espirais" e seu movimento é sempre circular, cíclico, como na forma das galáxias, nas conchas, nos rodamoinhos e no DNA. Assim, quando reunimos esses onze arcanos com representações femininas, um poderoso círculo de mulheres é formado. Reconhecer e dignificar essas figuras poderosas confere novas dimensões interpretativas ao Tarô e faz com que as energias do Sagrado Feminino fluam em sua vida.

- ✦ Separe do seu Tarô as onze cartas a seguir. Você pode partilhar com elas seus medos e desejos, confiar seus segredos e fazer um brinde à sabedoria delas. Independente do seu gênero, as mulheres do Tarô refletem você: sua realeza, suas dificuldades, suas vitórias, seu destino e sua própria natureza.

- ✦ As DEUSAS do Tarô foram selecionadas com base na coerência entre seus atributos mitológicos e a simbologia do arcano em questão. Se você preferir trabalhar com outras divindades, lembre-se: a correspondência entre a divindade e o arcano deve ser clara e bem fundamentada. Quanto mais alinhadas as cartas estiverem com as deusas que você escolher, melhores serão os resultados.

✦ Na seção MAGIA você encontra as diretrizes para trabalhar com cada carta em rituais, meditações ou feitiços. Assim você pode planejar o seu trabalho mágico com eficácia.

✦ Embaralhe as onze cartas selecionadas e escolha uma delas para descobrir as LIÇÕES PARA 2022 que essa carta lhe revelará. Considere a deusa associada a essa carta como a divindade regente do período. Convém pesquisar sobre seus mitos para estreitar sua relação com essa deusa.

A SACERDOTISA (ou A Papisa)

PALAVRAS-CHAVE • *intuição, comprometimento, reflexão*

A primeira figura feminina do Tarô tem esse título devido ao seu ofício espiritual. Ela é a mulher coberta com um véu, que inicia seus filhos no caminho dos mistérios. A Sacerdotisa remete aos ofícios secretos, aos saberes da alma e aos protocolos sagrados de uma tradição. Benzedeiras, freiras, médiuns, oraculistas, representantes de uma fé e guardiãs de segredos e saberes são representadas por esta carta. Ela é a visão além do alcance e a voz que sussurra o chamado da alma.

A DEUSA DO ARCANO • **Ártemis**, a Prateada, ou **Diana**, sua equivalente romana. Deusa lunar, virgem caçadora e parteira experiente, ela defende a castidade, a justiça e a individualidade das mulheres. Associada a outras deusas da noite e da magia, é representada com uma lua crescente na testa e à margem das águas, presidindo e protegendo os segredos femininos. É invocada como a grande senhora da feitiçaria.

MAGIA • A Sacerdotisa é uma carta auspiciosa na magia. Use-a em rituais para adquirir sabedoria, obter orientações ou aguçar a intuição. Se você quer superar algum sentimento ou situação, este arcano é o mais propício: A Sacerdotisa guarda, oculta ou confere um desfecho àquilo que merece descanso ou descaso.

LIÇÕES PARA 2022 • A tendência é que haja um despertar para a vida espiritual. Passe a dar maior atenção ao chamado da sua alma, à voz que inspira você a ler, ouvir e saber mais sobre divindades ou práticas que o fascinam. Tome providências em relação ao sentido que você busca para a sua vida.

A IMPERATRIZ

PALAVRAS-CHAVE • *abundância, saúde, excelência*

A Imperatriz simboliza o poder, a grandeza e a influência inquestionável da mulher. Ela diz respeito à magnitude da mãe como senhora da vida: é a figura que cria, governa, determina os rumos de um clã, de uma família, de uma casa e de um império. Este arcano remete à supremacia da beleza, à abundância da colheita, à importância dos detalhes, à consciência da maternidade e ao poder de conceber, cuidar e fazer acontecer. A Imperatriz representa a própria Deusa encarnada.

A DEUSA DO ARCANO • **Freya**, a Brilhante, a mais gloriosa das deusas nórdicas. Senhora da magia, regente do amor, das estratégias de guerra, da fertilidade, da coragem e também da morte. É a ministra das artes mágicas e padroeira das *völvas* e *seidhkonas*, ou seja, das profetisas e videntes. Freya é a soberana de grande beleza e plenos poderes de sedução, que encanta com sensualidade e se impõe com sua força pessoal. Reina repleta de luxo e de joias mágicas.

MAGIA • Utilize esta carta em rituais de fertilidade ou para obter uma conquista afetiva, empoderamento, proteção e criatividade. Para propiciar uma gravidez, assim como para dar forma a ideias ou tirar um projeto do papel, esta carta é a mais indicada. Evoque a Imperatriz para dar mais sabor e sentido à sua vida.

LIÇÕES PARA 2022 • Neste ano, você ganha mais confiança para ser quem você é. Continue buscando seus propósitos na vida à medida que faz escolhas cada vez mais sensatas. A Deusa apoia todo ato de amor. São eles que revelam a sua grandeza.

OS ENAMORADOS

PALAVRAS-CHAVE • *escolha, dúvida, desejo*

Os Enamorados, o sexto arcano maior do Tarô, mostra a imagem de um rapaz entre duas donzelas. Acima deles está Cupido, o deus grego do amor e da paixão. Esta carta representa as escolhas diante das inúmeras possibilidades que temos ao longo da vida. Ainda que muitas delas não sejam feitas conscientemente, cada uma dessas escolhas exige renúncia, pois temos que abrir mão da opção que não fizemos, e traz consequências para a nossa vida e a vida de outras pessoas.

A DEUSA DO ARCANO • **Afrodite**, deusa grega do amor e mãe de Eros. Ela está presente neste arcano porque abençoa Os Enamorados com o desejo, a expectativa e a sensualidade próprias do enamoramento ou do flerte. Afrodite é a senhora da inspiração, dos impulsos, da vontade e do arrebatamento erótico. É a reguladora da criação e da reprodução, regente de todas as mulheres e fêmeas, rainha do encantamento e de todos os mares, que também simbolizam as infinitas possibilidades.

MAGIA • Utilize este arcano em rituais para atrair encontros felizes e abençoar relações ou processos com afeto, beleza e harmonia. Além de ser uma boa escolha para situações que demandam maleabilidade e gentileza, esta carta também é excelente para conquistar a atenção, a admiração ou o desejo de pessoas que nos interessam.

LIÇÕES PARA 2022 • Aprenda a demonstrar não apenas clareza em suas decisões como também afetuosidade em suas palavras. Convém adotar um comportamento baseado na gratidão, no carinho e na gentileza. Se você quer o melhor da vida, não há tempo para justificar sua falta de paciência ou suas reclamações.

A JUSTIÇA

PALAVRAS-CHAVE • *ordem, moralidade, decisão*

A Justiça traz a antiga imagem de uma mulher vendada ou cega, com uma balança e uma espada nas mãos. Ela é uma representação de Justitia, a deusa romana que personificava a justiça. Também é a senhora das métricas e a mãe dos vereditos, da exatidão das formas traçadas e da balança que pesa as ações e as reações. É o arcano da voz da razão e da musa imparcial, que intercede em nome do que é direito e legítimo.

A DEUSA DO ARCANO • **Têmis**, deusa grega que personifica a justiça, a ordem física e a moralidade. Grande senhora do aconselhamento correto. Protetora dos inocentes e dos injustiçados, é a guardiã dos juramentos, dos acordos genuínos e das confissões. Sendo a deusa da estabilidade, ela abençoa tudo que é exato, sólido e pesado, como bem é a legislação dos deuses. Defensora da lógica, do equilíbrio e das mulheres. É também uma divindade oracular, aquela que desvela os mistérios a quem é puro em suas intenções e atitudes.

MAGIA • Utilize este arcano em rituais para obter inteligência, justiça e vitória em assuntos legais e em situações que demandam decisão e precisão. Para atrair a proteção das divindades da justiça, da inteligência e da estratégia, deixe esta carta em seu altar ou próxima a você. Ela também é excelente para regular processos e fluxos e trazer ordem ao que está fora do lugar.

LIÇÕES PARA 2022 • A Justiça orienta você a calcular e pesar suas intenções e seus esforços e categorizá-los em prioritários ou secundários. Neste ano você tem a missão de reconhecer o seu tamanho e medir o seu espaço neste mundo. Têmis é mãe dos que se preocupam com a ordem e com o que é bom e correto.

A RODA DA FORTUNA

PALAVRAS-CHAVE • *movimento, predestinação, mudança*

Nenhuma mulher é representada neste arcano, mas Fortuna, a deusa romana da sorte, do acaso e das mil possibilidades, está sempre presente. Ela é uma divindade à qual todos estão à disposição e da qual têm dependência. Este arcano representa o ciclo de cada situação e pessoa, pois tudo tem começo, meio, fim e recomeço. E cada ação cria outras circunstâncias, abrindo e fechando caminhos e suscitando novas experiências.

AS DEUSAS DO ARCANO • **As Moiras**, as divindades gregas da vida, da morte e do destino, são a personificação do destino individual, do quinhão de cada um. Elas representam essa lei pessoal e intransferível que nem mesmo Zeus pode infringir sem colocar em risco a harmonia do Cosmos. São três velhas fiandeiras com seus papéis eternos: Cloto, a que tece, é aquela que segura o fuso e trama o fio da vida; Láquesis, a que sorteia, é a que mede o fio e determina tanto a jornada quanto a hora da morte; e Átropos, a inflexível, é a que nunca volta atrás, aquela cuja função é cortar o fio da vida.

MAGIA • Utilize este arcano em rituais para atrair boa sorte, bons encontros, movimentação ou quebra da rotina. É útil para atrair novas pessoas e experiências e conseguir força e proteção para superar ou dominar situações adversas. Também serve para ganhar bênçãos das deusas do destino e para acelerar certos processos.

LIÇÕES PARA 2022 • Esta carta inspira você a conhecer e a respeitar o momento de cada coisa e de cada pessoa em sua vida. Atente, ao longo deste ano, às situações difíceis das quais você se salva ou supera, às vezes de forma surpreendente. Honre a sua sorte para que ela se fortaleça!

A FORÇA

PALAVRAS-CHAVE • *coragem, obstinação, destreza*

A luta de um homem contra um leão é uma das possíveis origens desta carta, como o bíblico Sansão e o grego Hércules contra a fera de Nemeia. Mas a referência mais persistente é a da Força (do latim *Fortitudo*), uma das virtudes da Antiguidade. Ela fala da resistência e persistência diante dos obstáculos, representados pelo leão, símbolo da força absoluta e do instinto indomável. Esta carta também remete às feiticeiras, com seus poderes de persuasão e realização, e sua postura meticulosa e encantadora.

A DEUSA DO ARCANO • Há várias divindades femininas em estreita relação com grandes felinos. Dentre elas, **Durga**, a Invencível, deusa indiana das guerras, da maternidade e da força, que cavalga um leão ou um tigre. São várias as suas manifestações, mas ela está sempre portando armas sagradas e mostrando-se imponente. É obstinada a aniquilar os demônios que personificam o ego inflado, a ignorância, o orgulho, a preguiça e a soberba.

MAGIA • Utilize esta carta em rituais para aumentar sua autoconfiança, desenvoltura e persistência. Ela confere coragem e determinação para seguir adiante com objetivos que demandam pulso firme. Convocar A Força é assumir uma postura não só de combate como também de persuasão e astúcia para vencer. Esta carta também é útil em jornadas para conhecer ou estreitar a relação com seu animal de poder.

LIÇÕES PARA 2022 • Você precisará se impor em situações que preferiria evitar a qualquer preço. Mas perceba que existe aí um chamado para realizar todo o seu potencial: quanto mais enfrentar os problemas que ninguém mais poderá resolver, melhor você tende a perceber que as rédeas estão nas suas mãos e os rumos de sua vida são determinados por você e pela sua postura diante da vida.

A MORTE

PALAVRAS-CHAVE • *transformação, corte, renovação*

A Morte é o arcano treze, número associado à feitiçaria e aos antigos cultos da Deusa. Treze eram os meses do calendário lunar, que perdeu a força para o culto solar das culturas patriarcais, e é a idade que marca o início da puberdade. Esse arcano representa a fase escura da Lua, quando a luz do Sol não a reflete. Essa é considerada a verdadeira face da Lua, tão poderosa quanto temida, pois leva ao submundo e possibilita a transformação.

A DEUSA DO ARCANO • Todas as faces escuras da Grande Mãe estão associadas direta ou indiretamente a este arcano do Tarô. Dentre elas, destaca-se: **Cerridwen**, padroeira dos bardos e regente da morte, da fertilidade e da regeneração. Sendo ela a Grande Senhora do Caldeirão, em todas as versões do seu mito, o caldeirão dessa deusa jamais se encontra frio ou vazio, indicando a transformação incessante de tudo o que existe.

MAGIA • A Morte e suas deusas são as parteiras de uma nova vida. Para impulsionar transformações radicais na sua história e "matar" sentimentos e pensamentos nocivos, esta carta é excelente. É um arcano de banimento. Ela age como uma foice ou tesoura: rasga, rompe, anula, cancela, elimina, extirpa e separa. Deve ser usada com muita responsabilidade, já que o seu corte tende a ser irreversível.

LIÇÕES PARA 2022 • As mudanças que tendem a ocorrer podem causar um verdadeiro renascimento. Entenda que atitudes, posturas e contatos precisam ser cortados para dar lugar a novas experiências. As deusas relacionadas à morte e à face escura da Lua podem ajudar você a encarar esses medos e trazer mais propósito à sua vida.

A TEMPERANÇA

PALAVRAS-CHAVE • *moderação, cura, alquimia*

A Temperança é representada por uma mulher alada, à beira d'água, misturando o conteúdo de dois jarros. Suas raízes iconográficas remetem a outra virtude: a harmonia, em nome da qual é preciso ter calma, moderação e atitudes comedidas. As abordagens ocultistas exaltam as associações desta carta com a alquimia: A

Temperança é a responsável por tornar algo sem forma ou valor em algo consistente e valioso — como o metal comum que, trabalhado com muita perseverança, é transmutado em ouro.

A DEUSA DO ARCANO • **Brighid**, a grande mãe tríplice, soberana dentre as divindades irlandesas. Senhora do fogo e da água, ela é tanto a deusa da chama da inspiração quanto do poço sagrado. A associação de Brighid aos atributos alquímicos deste arcano é reforçada pelo fato de ela ser a deusa da forja, da arte de moldar os metais e transformá-los em objetos belos e em instrumentos úteis. Ela é a curandeira, a protetora e a inspiradora dos povos celtas.

MAGIA • A Temperança pode ser usada em rituais que evocam maleabilidade, fluidez, purificação e refinamento. Inclua esta carta em feitiços para retardar algum processo, atrasar um resultado, revisar certos passos ou refazer procedimentos a fim de alcançar melhorias. Além de ser um arcano de proteção, é um "tempero" precioso em trabalhos mágicos que pedem aperfeiçoamento e excelência.

LIÇÕES PARA 2022 • Comece a trabalhar com afinco para se tornar mais sábio com relação ao tempo e à vida. Tudo está em constante mudança, por mais que a demora, o tédio e a depressão estejam ao seu redor. Demonstre serenidade em vez de se render à pressa e cultive a paciência em vez de só demonstrar insatisfação.

A ESTRELA

PALAVRAS-CHAVE • *providência, orientação, purificação*

A Estrela possui uma das mais ricas iconografias do Tarô. Há indícios de que a mulher nua, ajoelhada à beira de um lago ou rio, fosse originalmente uma náiade, uma ninfa da água doce, divindade da cura e da profecia. Ela está associada a Vênus e a *Stella Maris*, uma versão antiga da Virgem Maria, ambas ligadas ao mar e aos astros que orientam os navegantes. A Estrela simboliza um momento auspicioso de inspiração, abertura e otimismo, como a bonança que vem depois da tempestade.

A DEUSA DO ARCANO • **Ishtar**, a grande Mãe dos Céus dos babilônios e assírios. O simbolismo dessa deusa é complexo e ela foi sincretizada como outras deusas imponentes. Ishtar é uma divindade astral, senhora da sensualidade, protetora das mulheres e provedora da fecundidade. Seu símbolo, uma estrela de oito pontas, assemelha-se ao grande astro acima da donzela do arcano *A Estrela*, nos baralhos tradicionais.

MAGIA • A Estrela é um arcano-guia que pode ser convocado em rituais para propiciar sorte, novos tempos, tranquilidade e harmonia. Traz orientação divina em tempos de preocupação e atrai a proteção das divindades celestes. Use-a em trabalhos mágicos para desenvolver a clarividência, tornar a intuição mais aguçada e estabelecer uma relação verdadeira com as forças da natureza.

LIÇÕES PARA 2022 • Uma atitude desapegada e sincera pode fazer com que você esteja no lugar certo, na hora mais oportuna. Se algo parecer fora do lugar ou sem sentido, é questão de tempo até que os astros inspirem você a se organizar. Mesmo com os mares revoltos, A Estrela não deixa nenhum barco à deriva.

A LUA

PALAVRAS-CHAVE • *desafio, fascínio, perigo*

Se há uma carta tão temida quanto admirada, essa carta é A Lua. Ela marca o ponto em que a magia e o medo se encontram e criam uma atmosfera sombria e também encantadora, que incita um chamado para atravessar esse campo atraente e perigoso. Mas o simbolismo lunar também remete à fertilidade, aos ritmos e às mudanças inerentes a tudo e a todos. Ela é outra carta que representa a Grande Mãe e testa a coragem de quem enfrenta os medos e os desafios.

AS DEUSAS DO ARCANO • **Hécate**, uma das deusas tríplices gregas mais populares e cultuadas no mundo todo. Grande Mãe das bruxas, rege a morte, o nascimento e a renovação, considerada a soberana das encruzilhadas. É uma divindade complexa, tanto donzela amada quanto anciã temida, com muitos títulos e faces. Ela é quem mensura os medos, questiona as dúvidas e conduz seus filhos pelos caminhos escolhidos. Surge na escuridão portando chaves e tochas, enquanto ladram e uivam suas feras.

MAGIA • Se a intenção é realizar um ritual para desenvolver a intuição, aflorar poderes psíquicos e aprimorar a clarividência, esta carta é a mais apropriada. Também é útil para quem quer atravessar com confiança os pântanos da tristeza e as brumas da dúvida, sem medo do desconhecido e distinguindo o que é uma ameaça real e o que é pura imaginação.

LIÇÕES PARA 2022 • Eis o chamado para se dedicar tanto a questões práticas mantidas embaixo do tapete quanto a um compromisso mais sério e profundo, de ordem espiritual. A tendência é achar que nada mais faz sentido e perceber que só penetrando na névoa é possível ver um mundo novo esperando por você do outro lado.

O MUNDO

PALAVRAS-CHAVE • *recompensa, glória, conclusão*

A iconografia deste arcano remete a inúmeras referências, inclusive a Jesus Cristo e aos quatro evangelistas, mas a imagem central da carta também remete à própria Grande Mãe. Ela é a *Anima Mundi*, conceito cosmológico que concebe a mulher como força regente do universo: a própria alma do mundo e de tudo o que existe nele. Com esta carta se compreende que o universo existe em cada pessoa e em cada coisa. E tudo faz parte da Deusa, porque o mundo é o Seu corpo.

A DEUSA DO ARCANO • **Gaia**, a antiga e poderosa divindade grega que representa a própria Terra, a Mãe Ancestral e senhora de toda a vida. Rainha da profusão e propiciadora de toda a criação, Gaia rege a sabedoria da natureza, a energia da matéria e o mistério dos oráculos. Deusa primeira e última, simboliza a grandeza, a importância e a resistência da Terra e da mulher em si.

MAGIA • Ótima carta para obter fama e influência e para aumentar a projeção de uma imagem, marca ou ideia. Utilize-a para atrair magnetismo pessoal, boa projeção social, proteção e respaldo dos quatro cantos do universo. Também é um arcano excelente em rituais para concluir ou encerrar um processo e fechar com chave de ouro algum projeto.

LIÇÕES PARA 2022 • Prepare-se: portas tendem a se fechar para outras se abrirem, assim como certas pessoas também poderão sair de cena, abrindo caminho para outras se aproximarem. Vários dos seus esforços para crescer e prosperar tenderão a ser notados, comentados e bem-sucedidos. *O Mundo* é seu. E muitas vezes ele estará a seu favor.

– Leo Chioda é um dos principais tarólogos em atividade no Brasil. Administra as redes sociais do CAFÉ TAROT e é o especialista em Tarô do Personare, o maior portal brasileiro de autoconhecimento e bem-viver.
Site: www.personare.com.br/tarot
Blog: www.cafetarot.com.br.
Instagram: @cafetarot

Revele seus Mistérios Interiores

Você se lembra daquele professor que o deixou nervoso porque ele sabia que você não tinha feito sua lição de casa, antes mesmo de você contar a ele? Essa é a Sacerdotisa do Tarô. Ela conhece você a fundo. O trabalho dela é lhe mostrar quem você é e fazê-lo entender qual é o seu próximo passo, no seu relacionamento romântico, na sua carreira, na sua família ou no seu propósito de vida. É difícil ver o padrão quando você está nele e sempre podemos usar uma nova perspectiva para nos ajudar a ajustar nossos comportamentos e nos alinhar com nosso eu autêntico. Uma das coisas mais difíceis que podemos fazer é avaliar nosso próprio comportamento assim como avaliamos o dos outros, e a Sacerdotisa é quem pode nos ajudar a fazer isso.

Ao contrário da Imperatriz, a Sacerdotisa não está interessada em ser sua amiga. Ela tem um trabalho a fazer e não é ajudá-lo a saber como agir nos pequenos contratempos do dia a dia. O trabalho dela é descobrir os mistérios mais profundos da vida e ela gentilmente se dispõe a ajudar você a descobrir os seus. Ela é como a amiga mais nova da sua mãe, que conhece toda a sua história e não vai delatá-lo para ela, mas será muito direta com você ao dizer quanto está agindo como um idiota.

A Sacerdotisa invoca as memórias de oráculos passados. Uma pessoa que você honraria, a que você levaria uma oferenda e pediria orientação. A figura mostra que ela fica entre dois pilares grandes, o que mostra equilíbrio.

Ela usa a lua tríplice e a lua crescente, simbolizando sua conexão com a intuição e os dons e batalhas que ela traz consigo.

Com este feitiço, vamos deixar a Sacerdotisa sondar dentro de nós e responder às nossas perguntas. Podemos não gostar das respostas, mas não vamos recorrer à Sacerdotisa e fazer um pedido desses sem um bom motivo, não é?

O que fica no fundo da sua mente, escondido ali como um duende malévolo? O que está mantendo você acordado à noite? Que pensamento nefasto é aquele que continua passando pela sua mente?

Vamos deixar a sacerdotisa nos ajudar a descobrir?

Autodivinação com a Grande Sacerdotisa

VOCÊ VAI PRECISAR DE:
- ✓ Vela azul
- ✓ Papel
- ✓ Lápis de cera, marcadores ou tintas
- ✓ Figura da p. 61
- ✓ Lápis preto

Respire fundo. Acenda sua vela, que deve ser azul para mostrar respeito pela Sacerdotisa em suas vestes tradicionais. Olhe nos olhos dela e pense no seu problema.

REVELE SEUS MISTÉRIOS INTERIORES

No pergaminho aberto da figura da p. 61, descreva seu problema em poucas palavras.

Agora se disponha a ver quem você realmente é. Onde estão suas falhas. Onde estão seus pontos fracos. Examine-se e, numa folha de papel, faça uma lista dos seus comportamentos negativos com relação ao seu problema. Depois anote todas as mudanças que poderia fazer para corrigir esses comportamentos. Conversas que você poderia ter. Limites que poderia impor. Hábitos que poderia mudar. Não pense nas mudanças que as outras pessoas poderiam fazer para que esse problema fosse sanado. Este trabalho mágico é sobre você e sobre como *você* se comporta com as outras pessoas.

Anote as palavras-chave para três pequenos passos que pode dar para começar a avançar na direção da solução desse problema. Não estamos aqui tentando resolver o seu problema apenas numa etapa. Só queremos corrigir seu curso para que possa chegar um pouco mais perto do seu objetivo.

Anote seus passos no calendário do seu celular. Programe lembretes, se necessário. Dobre o papel e coloque-o sob a vela. Deixe a vela queimar até o fim.

Cultive o hábito se ver a si mesmo com o mesmo olhar objetivo que a Sacerdotisa o vê. É difícil, mas necessário, dar alguns passos para trás e admitir que, às vezes, somos nós mesmos que causamos os maiores problemas da nossa vida. Felizmente, somos as únicas coisas deste mundo que podemos realmente controlar.

— Extraído de "Revealing Our Inner Mysteries",
Melissa Cynova, *Llewellyn's 2021 Magical Almanac*.

Como Usar um Pêndulo de Cristal para Obter Respostas

O pêndulo segue seus olhos e seus pensamentos. Ao usar um pêndulo para determinar respostas do tipo sim ou não, seus pensamentos devem ser os mais neutros possíveis, e seus olhos não devem estar focados no pêndulo, mas fitando além dele. Se você focar os olhos diretamente no pêndulo e observar de perto, ele simplesmente balançará do modo que você quiser e a divinação não será precisa.

Providencie um pêndulo de cristal que agrade você. Ele pode ser de qualquer tipo de cristal e do tamanho que você quiser. Para encontrar um pêndulo de cristal com o qual se sinta confortável, experimente vários tamanhos de cristal, balançando o pêndulo para verificar como se sente.

Como encontrar sua resposta pessoal do tipo sim ou não

Depois de ter escolhido um pêndulo com o qual você se sinta confortável, siga os passos a seguir para determinar o movimento pelo qual o seu pêndulo indicará o "sim" e aquele pelo qual ele indicará o "não".

1. Encontre um lugar onde você não vá se distrair e se acomode numa posição confortável.

2. Com ambas as mãos, bata levemente no seu esterno (glândula do timo) com as pontas dos dedos de dez a quinze vezes. Isso equilibrará temporariamente as energias do seu corpo, ajudando a aumentar a precisão da radiestesia.

3. Com o pêndulo numa mão, faça com que ele se mova para a frente e para trás.
4. Cubra o umbigo com a outra mão (isso liga você diretamente ao centro do sistema energético sutil do corpo).
5. Feche os olhos.
6. Concentre-se na sentença "Mostre-me a minha resposta 'sim'".
7. Depois de um curto período, abra os olhos e observe como o pêndulo está se movendo.
8. Repita os passos 2 a 5.
9. Concentre-se na sentença "Mostre-me a minha resposta 'não'".
10. Depois de alguns instantes, abra os olhos e observe o movimento do pêndulo.

Suas respostas do tipo sim ou não

Observe quando as oscilações do pêndulo indicam um "sim" e quando indicam um "não". Se os movimentos de resposta forem muito parecidos, não se preocupe. Faça uma pausa por algumas horas e tente novamente, depois de dar algumas batidinhas na glândula timo (veja o passo 2). Agora você está pronto para usar seu pêndulo para indicar sim ou não. Antes de começar, no entanto, tenha em mente que:

✦ Se esperar muito um determinado resultado, respostas precisas serão improváveis.

✦ As perguntas precisam ter uma resposta do tipo sim ou não. Por exemplo, "A resposta ao meu pedido de emprego vai chegar na segunda-feira?" Se a resposta for "não", você pode repetir a pergunta alterando o dia da semana, até que a resposta seja "sim".

✦ Se você fizer uma série de perguntas, mas não obtiver respostas precisas, tente reexaminar suas perguntas. Perguntas vagas produzem respostas vagas.

Espiritualidade Feminista e Bruxaria

Fazendo magia com o arquétipo da bruxa como forma de resistência

Ser bruxa é ser subversiva. É questionar o *status quo*, é não aceitar qualquer pedaço de papel com dogmas escritos sabe-se-lá--por-quem-há-não-sei-quantos-anos-atrás. A bruxaria não precisa de manuais, nem listas de "tem que". Bruxaria, decididamente, não é aula de etiqueta. Obedecemos apenas a uma mestra: nossa própria consciência. Aqui, nós rimos na cara dos caretas, dos moralistas (com risadas altas de bruxa, claro!). Ser bruxa é, antes de tudo, ser uma mulher livre. Que decidiu fazer do seu corpo o seu templo, que jogou para o alto a castidade pudica e se apropriou da sua carne e do seu prazer como fórmulas mágicas para (por que não?) também chegar próxima da espiritualidade com sua sexualidade. Nossa reverência é apenas a Ela, a Grande Mãe Terra – e sua infinita sabedoria de não ser nem boa, nem má, mas (im)perfeitamente selvagem. Como todas nós!

Portanto, assumir-se bruxa é também um ato político, de resistência. Ou você acha que, nos tempos em que vivemos, é fácil ser uma mulher "despudoradamente" livre? Livrar-se da culpa sexual que insistem em nos infligir? "Moça bonita fecha as pernas", "moça pra casar", "moça pra namorar"... Quantas vezes você já ouviu isso?

Na contrapartida de uma sociedade com tendências moralistas, que vira e mexe nos empurra goela abaixo o velho conservadorismo da "bela, recatada e do lar", afirmar-se bruxa é também negar essa velha subjugação patriarcal. Sim, ser bruxa é ser feminista.

Não há como dissociar feminismo de Bruxaria. O que estamos fazendo, na verdade, é resgatar uma espiritualidade feminista. É dizer: neste caldeirão aqui mando eu! É apropriar-se do seu corpo, como seu desejo mandar... com todas as cores do arco-íris inclusas! Se assim quiser... E mais além do que apenas libertação sexual, a Bruxaria também é feminista, porque sua única guia é a mulher mais antiga e a mais sábia: a Mãe Terra.

Quando você começa a ver o próprio planeta como uma mulher, consegue até visualizar a Mãe Terra, uma mulher com os peitos murchos, exausta de tanto prover e de tanto ser explorada e oprimida pelo homem e sua ganância. E aí, como um organismo vivo, a Mulher Terra reage querendo destruir a nós, os parasitas. A Terra não é passiva. E anda exausta e querendo dar o troco. E, assim, Ela revida, criando novos coronavírus, tsunamis e maremotos. "Morram, parasitas! Parem de me sugar!", brada ela. Por isso cabe a nós, detentoras dos mistérios iniciáticos da natureza profunda, defender com unhas e dentes essa Grande Mãe. Pois não adianta saber tudo sobre ervas, plantas mágicas e óleos essenciais e acabar compactuando com o desmatamento na Amazônia. Ou não honrar os indígenas e outros povos originários, os verdadeiros guardiões da floresta.

Assumir-se bruxa é ter uma visão holística, global do Universo. E entender que tudo está conectado. É por isso que algumas bruxas têm despertado para a política, o veganismo, a agroecologia, e/ou a moda sustentável. O resto é a própria vida e tudo é sagrado, inclusive – e principalmente – nossas atitudes diárias. Ser bruxa é ser ecossustentável.

Tudo que converse e colabore para a manutenção da vida na Terra é divino. E o material, mais do que nunca, também é espiritual. Estamos encarnadas aqui e aqui devemos sobreviver. E se nossa Deusa é a Terra, seria apenas hipocrisia ignorar o tanto de destruição que a humanidade vem causando à nossa divindade suprema.

O sistema capitalista que vivemos explora e maltrata a Terra. Pois na sua lógica acredita que o lucro pode ser infinito, porém os recursos naturais são finitos. E enquanto isso, o planeta definha. A espiritualidade dos grandes mestres como Buda e Jesus nunca se resumiu ao "eu", mas foi além até chegar ao "nós". Não há como expandir a consciência pessoal se a consciência social estiver murcha. Afinal, estamos todos no mesmo barco – a Mãe Natureza – e precisamos dar um jeito de nos mantermos aqui. É um novo paradigma para entender a espiritualidade: não como algo etéreo, inalcançável, abstrato. Mas algo que está aqui, pertinho. Ao alcance de... Separar seu próprio lixo, por exemplo. Ou entender o impacto na hora de votar na urna.

As ofensivas contra a Terra nos Estados Unidos, por exemplo, com a alta emissão de gás carbônico durante o governo de Donald Trump e o descumprimento das metas globais ecossustentáveis, gerou revolta entre as bruxas, que começaram então a fazer feitiços políticos. E não é que funcionou? O extremista foi derrotado pelo seu adversário, Joe Biden.

Dentro do Sagrado Feminino Raiz, entendemos que o tempo é como uma espiral. Na escola, normalmente é ensinada uma visão positivista de que o tempo é uma linha reta e, nessa linha, contada pela visão colonial dos vencedores, só entram os grandes feitos que demonstram que a humanidade está sempre progredindo, num sucesso infinito. No entanto, o tempo é muito mais como uma linha que vai dando voltas. E se em algum momento estivemos em períodos sombrios como a Inquisição, o fascismo e a perseguição de mulheres... ora, isso pode, sim, voltar a acontecer.

O caminho iniciático de uma bruxa passa por saber da sua história. Para que nunca mais se repita. A própria etimologia da palavra "bruxa" vem do termo *brusiare*, que significa QUEIMAR. Aquela que deve ser queimada. Por quem? Pela Igreja. O Tribunal da Santa Inquisição na Idade Moderna condenou à morte por Bruxaria mais de 100 mil pessoas, sendo que mais de 60% eram mulheres que não cumpriam com os seus mandamentos de "moral e bons costumes", ou por serem parteiras, erveiras e até mesmo por serem viúvas ou simplesmente idosas. E isso durou por mais de três séculos! E em locais como o pequeno condado de Nanur, na Bélgica atual, 90% de suas vítimas eram mulheres. E esses números ainda estão em estudo nos dias atuais e nos mostram que este foi, até o hoje, o maior feminicídio da História. Mas, veja bem, não necessariamente as mulheres queimadas estavam de fato fazendo feitiços (o que não seria nada demais, mas a intolerância religiosa é fogo! Literalmente...). Não.

Essas mulheres queimadas vivas pelas chamas do Tribunal do Santo Ofício da Igreja Católica muitas vezes apenas eram as antigas botânicas, que conheciam as ervas e as suas propriedades fitomedicinais. Eram as antigas curandeiras, benzedeiras e parteiras. A medicina antiga residia no poder feminino, oral, passado de geração em geração. Cada povoado tinha sua "mulhermédica", sua "bruxa particular", mulheres poderosas que traziam as curas e bênçãos para aquela região.

Silvia Federici, historiadora das brabas, nos conta que a medicina antigamente residia nas mãos das mulheres. E que queimá-las era também uma forma de silenciar essas vozes, esses conhecimentos, de restringir o poder da cura a apenas alguns homens. A medicina assim deixava de ser natural, orgânica, da Grande Mãe Natureza, e começava a ser alopática, científica e tecnológica. Do feminino ao masculino, num processo cada vez mais excludente e excessivamente racionalista.

Se antes havia valores femininos – de cooperação, de empatia, de respeito às mulheres e ao ecossistema –, agora surgem valores do masculino exacerbado – a competição, a guerra, a força, a violência e não mais o respeito à Terra, mas a sua dominação.

E o resto dessa história você já conhece: séculos e séculos de restrições às mulheres, de clitóris amputados, feminicídios, abusos sexuais. Mulheres sem poder de voto, sem poder trabalhar ou ter voz própria. O cenário só muda com a chegada do feminismo, no começo do século XIX. Então, quando a História tenta se repetir, que levantem as antigas sacerdotisas: "Nós somos as netas daquelas que não conseguiram queimar". Ser bruxa é muito mais do que saber sobre ervas e poções. Nós somos a própria magia da resistência. Nosso corpo é luta. E nosso sangue, história.

— **Júlia Otero**, sacerdotisa da Deusa e guardiã do canal A Mulher Selvagem, com mais de 50 mil inscritas. Trabalha com a arte como portal para espiritualidade e saúde. Acredita que expansão de consciência também passa pela consciência social. É jornalista, artista plástica, bruxa, terapeuta do feminino e das artes.
YouTube: https://www.youtube.com/c/AMulherSelvagem
Site: http://amulherselvagem.com.br/
Instagram: @amulherselvagem

Bruxaria Urbana e Marginal

Antes de começar a me aprofundar sobre o que seria a Bruxaria Urbana e Marginal, ou Favelada, preciso me apresentar. Meu nome é Pam Ribeiro, tenho 28 anos, e diria que o meu acesso à Bruxaria sempre foi muito limitado, porém, nunca me deixei vencer por isso. Graças a Deusa, sempre fui muito curiosa, o que me levou a trabalhar com o que mais amo, a Terapia Reikiana, o Tarô e a Astrologia Um ofício, é claro, que possui inúmeros desafios. Principalmente se formos pensar que sou uma pessoa preta num ambiente majoritariamente branco.

Você já reparou que a Bruxaria é um meio em que não encontramos tantas referências não brancas?

Por isso nasceu o portal A BRUXA PRETA, e fico muito feliz em observar que essa questão do acesso à magia para pessoas não brancas com muito esforço tem mudado. Existem hoje muito mais representações na cena. Isso me anima a pensar num futuro mais inclusivo e transgressor para nós, praticantes de Bruxaria.

Para mim, a magia surgiu principalmente num contexto de ancestralidade preta muito profunda. Nesse contexto, fui pautando todo o meu conhecimento e vivência, trazendo a força dos meus antepassados para a minha realidade, como uma forma de honrar aqueles que vieram antes de mim, mas, principalmente, para dar vida às minhas percepções mágicas num movimento atual.

A Bruxaria me fez reconhecer que os enfrentamentos dos que vieram antes de nós é o que nos dá base para sermos o que somos e termos nossas práticas nos dias de hoje. Ela ressignificou até mesmo a nossa ideia sobre esse universo, que definitivamente não segue uma linha cartesiana de enxergar o entorno. Muito pelo contrário, a Bruxaria me possibilitou aprender com outros, sabendo que as subjetividades são muitas e todas relevantes para a construção do que entendemos dela.

E para começar a delinear a Bruxaria Urbana e Marginal, é preciso que compreendamos o que é a Bruxaria e o que ela representa na nossa vida. Por que eu digo isso? Porque a nossa vivência vai traçar também a sua prática, a sua história e dos que guiam você. Ela vai mostrar o caminho pelo que você deve se deixar conduzir.

E, de fato, há várias vertentes na Bruxaria, o que só mostra como esse é um espaço de inúmeras possibilidades, embora seu cerne não se altere. A Bruxaria, historicamente, como prática filosófica e ritualística, é por si só disruptiva. Logo, não cabe determinismos, nem o famigerado conceito de "caminho certo ou errado", porque a Bruxaria é algo pessoal e intransferível. Porém, embora muitas vezes ela seja óbvia nos cabe questionar o que, em nossa prática, pode ferir a existência do outro de alguma forma. Mas, ainda assim, a Bruxaria é um caminho de emancipação e retomada do nosso "corpo natural". Nas práticas espirituais não brancas, entendemos como "normal" o corpo padrão branco, "normalizado", que nos foi ensinado como sendo o mais adequado, de acordo com a percepção colonial e europeia. Voltar ao corpo natural é como retomar algo que ainda nem sabemos o que é, mas que, pela ventura da vida, descobrimos e aplicamos no nosso meio.

E por que não realizar essa retomada no meio da periferia?

O nome Bruxaria Urbana e Marginal nasceu justamente pela forma como aplico os métodos da Bruxaria na minha vida, que está além da romantização que vemos na cultura pop.

Nós, das extremidades dos centros urbanos, também praticamos e existimos, e praticamos a Bruxaria não apenas nas entrelinhas e longe de estereótipos, mas com o que temos disponível nas mãos. Ainda assim, a prática é real, porque ela está de acordo com quem somos e com nosso ambiente.

A Bruxaria Urbana é basicamente a prática ritualística que inserimos nos nossos mínimos e nos nossos máximos atos cotidianos, levando em consideração o espaço de que fazemos parte, tanto historicamente quanto socialmente.

Não é apenas sobre acender as velas, mas também é! Podemos utilizar várias práticas para um movimento de libertação do nosso corpo e dos nossos ideais, rompendo com estigmas que nos oprimem e ocupando um espaço que é de todos nós. Assim abrimos o diálogo saudável para uma escuta ativa e de aprendizado com diversas maneiras de fomentar a magia em nossa vida.

Você não precisa necessariamente viver na floresta para ser a bruxa que almeja, mas, se quiser, está ótimo! Eu não vivo na floresta, infelizmente! Vivo na periferia da Grande São Paulo e meus rituais estão diretamente ligados a essa realidade. Ou seja, a Bruxaria Urbana e Marginal foge de representações simplistas sobre o que é ser bruxa. Porque, para nós que estamos envolvidos nessa filosofia, já é claro que ela é muito mais do que parece.

E pensar que eu, daqui da minha laje, posso produzir o que preciso e isso não me torna menos do que os outros acreditam. Que isso seja um incentivo para você, que sempre se sentiu como se não fizesse parte ou não pudesse fazer. Mas é óbvio que pode!

Por exemplo, as ervas que utilizo, ou melhor, todas as minhas ferramentas, são adaptações dessa realidade: uma espada-de-são-jorge da rua ou da casa da vizinha, o *athame* que substituí a vida toda pela faca de cozinha, as vasilhas que a gente encontra em lojas que vendem de tudo um pouco, e por aí vai.

Porque a Bruxaria é e sempre foi acessível. Algumas vezes nos deparamos com a Bruxaria de uma forma que faz dela um mero produto, mas ela é muito maior do que as imagens superficiais que encontramos nas redes sociais. Até porque, vocês acham mesmo que nossos antepassados estavam preocupados com a estética?

A prática da Bruxaria Urbana está diretamente ligada ao cotidiano que nos cerca, por isso você não precisa de um utensílio mais caro e robusto para fazer com que a magia aconteça na sua vida, embora, como eu disse, se quiser pode.

O que precisamos entender é que a Bruxaria e a magia estão em nós, à nossa volta e no modo como as aplicamos em nossos processos de autodesenvolvimento. Eu penso que a nossa vida pode ser toda feita de magia, só o que precisamos é dar voz a ela. Eu deixei que a magia falasse nas minhas veias através da minha narrativa, que é periférica e urbana.

A Bruxaria Urbana e Marginal trata das adaptações que nós construímos antes de tudo e sobre aquilo que nos move em direção à nossa autonomia e narrativa mágica, e nisso a nossa subjetividade deve ser levada em consideração para a nossa formação dentro do meio holístico.

Enfim, a prerrogativa aqui definitivamente não é afirmar qual é a melhor ou pior forma de se praticar a Bruxaria, mas abrir espaço para novas formas de interagir com essa prática espiritual repleta de nuances, que é extremamente importante e necessita de visibilidade para que possamos construir uma comunidade que seja minimamente inclusiva, empática e possível para todos.

– Pam Ribeiro, oraculista, terapeuta reikiana e bruxa marginal urbana, criadora do portal A Bruxa Preta, que debate espiritualidade, autoconhecimento, magia, tarô, relacionamentos e sexualidade em linguagem contemporânea, transgressora e disruptiva, que visa a ruptura com práticas doutrinárias coloniais.
Site: https://linklist.bio/abruxapreta
Instagram: @abruxapreta.

Em Busca de Hécate: A Deusa da Sabedoria Interior

Em tempos de incerteza, pode ser difícil saber como agir. E, no momento da História que estamos vivendo, trilhar nosso caminho pela vida, que passa pelo medo, pela tristeza, pela raiva e pela confusão que permeiam o coletivo, pode ser uma experiência assustadora. A humanidade está numa espécie de transição, à medida que os últimos suspiros do patriarcado dão lugar a um novo paradigma que ainda está se formatando.

Já é bastante desafiador saber que caminho tomar quando estamos diante das muitas encruzilhadas na nossa vida pessoal, mas, quando a cultura dominante em que vivemos também está diante de uma encruzilhada, é preciso toda a nossa coragem, nossa criatividade e nosso coração para encontrar nosso caminho. Muitos de nós anseiam por orientações que nos ajudem nesses momentos de transição, tanto coletiva quanto pessoal.

Exercícios de ancoragem, centralização e contemplação, que podem fazer parte de uma prática de meditação, podem ajudar muito, se apenas ouvirmos a nossa intuição e permitirmos que ela seja o nosso guia. No entanto, a capacidade de diferenciar a intuição da nossa tagarelice mental constante, enraizada na ansiedade, é algo que precisa ser desenvolvida no dia a dia, com a prática.

Outra maneira de acessar a sua sabedoria interior, quando nos encontramos numa encruzilhada, é se conectar com uma divindade. A deusa tríplice Hécate tem sido associada às transições e aos espaços intermediários, como portões, passagens e encruzilhadas. Ela também é associada à noite, à Lua, ao Mundo Subterrâneo, aos espíritos dos mortos, às plantas tanto medicinais quanto venenosas e à feitiçaria. Hécate é conhecida como a Guardiã das Chaves e é portadora da luz, que desbloqueia os portais secretos da sabedoria e carrega um par de tochas ardentes que podem iluminar nosso caminho à frente.

Podemos nos conectar com Hécate, para obter a orientação dessa deusa, assim como Deméter recebeu sua ajuda quando Hades sequestrou Perséfone. Deméter vagou por nove dias, perdida no deserto, lamentando o desaparecimento da filha, quando Hécate apareceu no décimo dia, carregando um par de tochas para acompanhar Deméter em sua busca. O mito nos diz que nenhum deus ou mortal dizia a Deméter a verdade sobre o que havia acontecido a Perséfone, mas Hécate diz a Deméter no *Hino a Deméter*, de Homero: "Estou lhe dizendo toda a verdade". Como Deméter, nós também podemos nos sentir perdidos, desnorteados e precisando de alguém para andar ao nosso lado em tempos de escuridão e confusão. Às vezes precisamos de alguém para simplesmente nos dizer a verdade de uma situação, de modo que possamos começar a agir de acordo com essa realidade. Trabalhar com Hécate pode nos ajudar a decidir que caminho seguir quando não sabemos se devemos virar à esquerda ou à direita. A voz dela é aquele sussurro que ouvimos no fundo da consciência e que nos permite ouvir a verdade da nossa alma, para assim encontrar o melhor caminho a seguir.

Embora algumas bruxas trabalhem com Hécate durante a Lua nova, eu sempre associei essa deusa à Lua minguante – o momento em que as sombras estão se aprofundando e a luz diminui. A Lua minguante é um tempo de términos e desapegos e, portanto, é o momento natural para fazermos trabalhos de magia para banir, libertar e cortar amarras. É um momento para nos voltarmos para dentro e relaxar, após o apogeu da energia lunar, que coincide com a Lua cheia. Durante a Lua minguante, podemos estar nos sentindo mais reflexivos, receptivos e contemplativos. A minguante é o quarto da Lua que está entre o ápice da última Lua cheia e os novos inícios silenciosos da próxima Lua nova. É, portanto, um tempo de transição que facilita o transe, o *pathworking* e a magia. Eu acho que essa lua é a mais poderosa para nos conectarmos com Hécate se queremos sua orientação.

Pouco tempo atrás, conduzi um retiro onde invocamos Hécate para ser nossa guia num trabalho profundo que estávamos prestes a fazer. Muitos participantes estavam lá porque tinham chegado a uma encruzilhada da vida e estavam em busca de uma visão. Como nos reunimos na Lua minguante numa floresta antiga na região noroeste dos Estados Unidos, estávamos todos receptivos à magia sutil de Hécate. Caminhamos numa procissão silenciosa por um caminho sinuoso até chegarmos a um *yurt* na floresta escura. Antes de entrarem, os participantes foram purificados na porta com a fumaça das ervas consagradas a Hécate. Uma vez lá dentro, nós nos sentamos em círculo e uma chuva suave começou a tamborilar no telhado de lona. No silêncio, um corvo crocitou bem acima de nós, como se avisasse que era hora de começar. Passamos de mão em mão uma chave antiga (como um símbolo de Hécate) amarrada numa fita de seda envelhecida. Quem estava com a chave tinha a oportunidade de falar algumas palavras de intenção para os dias que viriam. Alguns compartilharam sua dor particular, enquanto outros expressaram sua confusão sobre quais deveriam ser seus próximos passos. Começamos então nossa cerimônia do chá dos sonhos, com um chá feito de artemísia (uma erva sagrada para Hécate), que eu tinha colhido no meu jardim de ervas mágicas, na Lua cheia. Cada um de nós bebeu de um copo de cerâmica enquanto nos preparávamos para começar nossa jornada. Toquei uma batida lenta e rítmica no meu tambor e as pessoas se espreguiçaram confortavelmente entre travesseiros e cobertores, prontas para entrar no tempo dos sonhos e receber orientação de Hécate. Foi uma experiência poderosa e muitos tinham encontrado as respostas que estavam procurando quando o sol nasceu na manhã seguinte.

Se você está tentando tomar uma decisão difícil ou não tem certeza dos seus próximos passos, talvez tenha chegado a hora de buscar a sabedoria da deusa Hécate. O *pathworking* a seguir é mais eficaz se feito à noite, na Lua minguante, de preferência quando a Lua estiver em Escorpião, Peixes ou Capricórnio (confira essas datas no Calendário deste Almanaque). Se você deseja ter sonhos lúcidos após o *pathworking*, tome um chá de artemísia (*Artemisia vulgaris*) aproximadamente 45 minutos antes de começar. Você pode comprar o chá de artemísia em lojas de produtos naturais, farmácias de manipulação ou na internet. Siga as recomendações de uso. Não tome artemísia se estiver grávida ou pensar que pode estar grávida, pois essa erva pode ser abortiva. Se você não tiver certeza, consulte o médico antes de tomar qualquer erva com a qual você não esteja familiarizado.

O *pathworking* a seguir pode ser feito com ou sem o chá dos sonhos.

A jornada em busca de Hécate: orientação para quando você está numa encruzilhada

Encontre um lugar tranquilo onde não será perturbado por cerca de quinze a vinte minutos. Desligue o celular. Ancore-se na terra, centre-se da sua maneira preferida e limpe o espaço queimando óleo essencial ou um incenso associado a Hécate, como mirra, estórax, nardo ou patchouli. Use roupas soltas e coloque-se numa posição confortável. Use travesseiros se necessário e um cobertor para se manter aquecido. Pode ser útil recordar o pathworking *antes de fazê-lo, ou peça a um amigo que leia o texto a seguir para você. Tenha um diário e uma caneta pronta para registrar o que lhe ocorrer depois da jornada.*

Você está caminhando ao longo de uma trilha suavemente sinuosa, que o leva para cima de uma colina arborizada. Os últimos raios do Sol poente brilham através do dossel de folhas acima, mesclando a sombra que se aproxima com reflexos dourados. Você inspira profundamente o perfume das flores que desabrocham ao anoitecer e começam a liberar seu perfume. Um tordo começa sua canção noturna e, não muito longe, você ouve o chamado inconfundível de uma coruja ecoando nas árvores.

Você está caminhando há algum tempo. Está num lugar de transição e veio para a floresta em busca de uma visão. Você chegou aqui com esperança de receber uma mensagem, um remédio para ajudá-lo a sair do seu próprio caminho e conectar-se com a floresta da sua paisagem interior. O caminho se bifurca e você de repente se vê numa encruzilhada. Você faz uma pausa, não sabe se continua no caminho em que está, vai para a esquerda, vai para a direita ou se vira e volta por onde veio. Está escurecendo e as primeiras estrelas começam a cintilar no céu crepuscular.

Seu olho capta algo brilhante e você vê uma chave amarrada num pedaço de fita desgastada, emaranhada num galho baixo. Você estende o braço e pega a chave nas mãos. Ao colocá-la no bolso, você decide seguir o caminho da esquerda. A noite está caindo rapidamente agora e, se você voltar, não tem certeza se conseguirá encontrar o caminho de volta. Uma brisa suave sopra, o ar está carregado e tudo na floresta brilha; as silhuetas escuras das árvores parecem ter sua própria presença.

Você chega a uma cabana com telhado de palha cercada por um pequeno jardim precisando de poda. Na luz pálida da Lua minguante, a datura brilha, branca como cera, emitindo sua fragrância noturna. Meimendro, beladona e outras sombras da noite acenam suavemente na brisa suave ao lado da artemísia, do confrei e da mil-folhas. Uma árvore de teixo protege a entrada, e uma luz quente e dourada se derrama pelas janelas, clareando a noite.

Você segue em direção à cabana e tenta abrir o portão, mas ele está trancado. Você se lembra da chave em seu bolso e experimenta. O portão se abre facilmente e você entra no jardim e sobe dois degraus até a porta da frente. A porta está entreaberta e você bate. A voz de uma mulher, suave e aveludada, vem de dentro: "Seja bem-vindo e entre". Você faz uma pausa por um momento, respira fundo e atravessa a soleira.

A única luz vem de um fogo queimando na lareira e uma única vela numa velha mesa de madeira. A sala está cheirando a ervas desidratadas, cujos maços estão pendurados nas vigas. À medida que seus olhos se ajustam à luz bruxuleante do fogo, você nota uma figura envolta num manto escuro, curvada sobre o trabalho em seu colo. Ela levanta a cabeça e me avalia. "O que você procura?" Você percebe que sentada à sua frente está Hécate, a Deusa das Encruzilhadas e Guardiã das Chaves. Por um momento você fica confuso. O primeiro pensamento que lhe vem é perguntar como voltar até o caminho por onde veio. Mas você percebe que a questão é mais ampla do que parece. Ela aponta para uma cadeira vazia diante do fogo, e você se senta. Você está caminhando há muito tempo. Você olha para o fogo e se perde nas chamas. Fecha os olhos e desliza para um devaneio muito confortável.

Você ouve a voz dela novamente, ao longe: "Sua missão é encontrar a chave que abrirá a porta para a orientação que você está procurando. Para encontrar essa porta, você precisa viajar para dentro de si. Você já tem, dentro de você, todas as respostas que procura".

Em sua mente, você refaz todos os passos que o trouxeram até aqui e até este momento.

Você se eleva acima das especificidades do seu mundo terreno e sua visão clareia. Você obtém uma visão panorâmica da sua vida. Você vê algum padrão? Qual é a primeira coisa que lhe vem à mente? Que mensagem Hécate tem para você? Pode ser uma palavra, uma imagem ou um sentimento.

Qual é a verdade básica dessa questão?

Hécate se levanta e aparece diante de você em toda a sua glória. Embora ela seja a Deusa da Encruzilhada e a Guardiã das Chaves, Hécate também é conhecida como a Portadora da Luz, e nas mãos, ela segura um par de tochas que iluminam o caminho à sua frente.

Ela fala: "Você está pronto para cruzar o limiar e entrar no espaço de transição? Você pode confiar que está exatamente onde deveria estar na sua jornada?" Hécate coloca algo em sua mão que será um talismã para ajudá-lo a tomar uma decisão ou orientá-lo nas próximas etapas.

Com o talismã na mão, você vê o caminho à sua frente, respira fundo e cruza o limiar.

Reserve alguns minutos para abrir os olhos, espreguiçar-se e retomar a consciência do ambiente físico à sua volta. Que mensagem você recebeu de Hécate? O que a deusa deu a você? Escreva tudo e que se lembrar no seu diário e reserve algum tempo para refletir sobre seus próximos passos.

– Extraído de "Seeking Hecate: The Wise Self Within", Danielle Blackwood, *Llewellyn's 2021 Magical Almanac*.

Feitiço da Sombra

A Sombra é a parte da sua psique que contém todos os instintos e impulsos que você escondeu de si mesmo. É a psique não reconhecida, onde residem os pensamentos, fraquezas e desejos não confessados e o esconderijo de tudo que você não reconhece em si mesmo. Embora a Sombra seja um apanhado de tendências e comportamentos inconscientes e desejos sexuais reprimidos, ela também contém tesouros inestimáveis. Sistemas de crenças e paixões de que você se convenceu a não levar adiante ainda residem na Sombra. Talentos, habilidades e pontos fortes que você não reconhece em si mesmo residem ali também, especialmente se alguém lhe disse para não cultivá-los.

A poderosa magia da Sombra é lançada quando você a encara de frente e reconhece o que existe dentro dela. Nem sempre temos que agir de acordo com nossas tendências e impulsos mais ocultos e obscuros, mas precisamos admitir que eles existem, especialmente quando verdadeiros tesouros estão enterrados dentro deles. Quando incorporamos esses fragmentos da nossa personalidade, ficamos livres para entrar em sintonia com o fluxo de vida universal.

Entre nessa floresta escura que existe dentro de vocês. Trilhe seus caminhos para chegar ao seu tesouro interior.

VOCÊ VAI PRECISAR DE:
- Carta da Lua do tarô
- Vela preta
- Figura da p. 82

Olhe para a carta da Lua. Sinta a atração magnética da Lua na base da sua coluna vertebral. O que você quer que venha à tona do seu inconsciente? O que você um dia desejou, mas alguém o convenceu a esquecer isso? Que sentimento você reprimiu por achar feio?

Acenda a vela sobre uma mesa. Pinte a vela da figura abaixo. Continue colorindo a figura, expandindo o brilho da vela enquanto pensa no que escondeu de si mesmo. Sinta o que foi reprimido por todos esses anos. Abra-se. Puxe isso para fora. Olhe para isso. Anote o que lhe ocorre. Aceite a sua Sombra.

Extraído de "Shadow Self Spell", Sasha Graham, *Llewellyn's 2021 Magical Almanac*.

Kundalini Tântrico – O Feitiço da Ascensão da Serpente

Os picos gelados do Himalaia alcançam as estrelas no ponto mais alto da Terra. O ar é fresco e rarefeito. A falta de oxigênio faz os pulmões se esforçarem mais. É como se apaixonar. A respiração acelera. O coração bate mais rápido. Você fica com vertigem. O céu azul-safira se desdobra em lagos glaciais que refletem o céu. Monges vestindo mantos em tons carmesins se reúnem para cantar, estudar e ornamentar os mosteiros com rodas de oração, artes sagradas e Budas radiantes e cintilantes. Pequenas cidades agrícolas estão cheias de mulheres indígenas, muitas dos quais se casam com dois maridos (geralmente irmãos), tecem longas tranças nos cabelos e usam roupas pretas com intrincados enfeites de prata entalhada. Quanto maior a elevação, mais ornamentadas as joias femininas. As crianças trabalham ao lado dos pais. Pausas para as refeições são feitas na estupa, o local sagrado de cada aldeia.

A 12.000 pés, esse é o ponto em que você está mais próximo do Sol. A paisagem sopra poeira em seus olhos e o vento faz seus cabelos se agitarem como as cobras da Medusa. Você para numa passagem irregular entre as montanhas e avista uma tempestade no horizonte. Nuvens de neve se avolumam e rosnam para você como *bodhisattvas* gigantescos, as divindades ferozes e destruidores de obstáculos. Você engole uma garrafa térmica cheia de chá quente e doce, e come salgadinhos fritos de batata picante em sacos de pergaminho. A estrada serpenteia embaixo de você e flocos de neve caem em suas faces. O sono vem facilmente para o corpo cansado, que foi exposto aos elementos o dia todo.

Não é por acaso que espiritualidades mais radicais e expansivas ocorrem no topo do mundo. As culturas de montanha são conhecidas pelo misticismo inebriante, dos Andes aos Cárpatos. A arquitetura religiosa geralmente aponta para cima. As igrejas costumam ter campanários. Templos, sinagogas e mesquitas têm torres e pináculos que se erguem em direção ao céu. No Tibete, no topo do mundo, a maioria das residências e dos mosteiros têm telhados planos. Você não pode ficar mais no alto – você já chegou no céu! Ocidentais, quando se dirigem aos deuses, guias espirituais e anjos, olham para cima. Os praticantes orientais que procuram os deuses e divindades olham para dentro.

O Himalaia abrange o norte da Índia, o Nepal, o Reino do Butão, o Paquistão e o Tibete ocupado pelos chineses. Alguns dos principais rios do mundo, como o Ganges, o Tsangpo-Brahmaputra e o Indo, nascem no Himalaia e fluem montanha abaixo, por uma extensão que passa por mais de 600 milhões de pessoas. O mesmo acontece com a cultura da espiritualidade e da religião que desce do ponto mais alto da terra. O Himalaia é um caldeirão de tradições e magia profundas. Sábios, aventureiros e buscadores se encontram, trocam ideias e retornam às suas respectivas culturas. Magias, sutras, tradições e rituais passam por gerações de professores e alunos, de gurus a discípulos.

O aumento categórico da popularidade do Yoga no Ocidente trouxe com ele todo o misticismo do Oriente. As palavras "tântrico" e "kundalini" preenchem a imaginação com ideias de sexualidade desenfreada e yoga esotérica. A descrição de uma serpente enrolada na base da espinha pode intrigar algumas pessoas, levando-as a se perguntar se de fato existe uma cobra de verdade enrolada ali.

O Feitiço de Ascensão da Serpente tem como objetivo captar a essência do seu autêntico poder pessoal e infundi-lo em cada aspecto da sua vida e do seu corpo. A Kundalini é a sua força vital e a energia adormecida dentro de você: a sede da sua identidade espiritual. Acorde e infunda essa energia para romper velhos padrões e se alinhar com o seu Bem Maior. Você se torna "iluminado" por dentro.

O processo de despertar ocorre no corpo sutil. Esse corpo é invisível, embora algumas pessoas possam detectar cores e auras ou saber quando uma pessoa está prestes a morrer ou prestes a engravidar. O corpo sutil é o local dos centros energéticos, chakras, pensamentos, sentimentos e emoções. Você pode compará-lo à "anatomia bruta", que são seus ossos, sangue e corpo físico. O corpo sutil é a energia que você exala e a "vibração" que você irradia.

O que é o Tantra?

O Tantra faz parte dos mistérios ocultos do Budismo e do Hinduísmo, e deriva de antigos textos tântricos. A prática tântrica é ampla e diversificada em todo o Himalaia e na Ásia, carregando com ela muitas tradições. A palavra *tantra* significa "tecer" em sânscrito. Esse entendimento vem de uma combinação das duas palavras: *tantoti*, que significa "estender" ou "expandir" e *trayati*, que significa "liberação".

Toque de magia

Os tântricos tibetanos praticam a técnica *tummo*, na qual empregam exercícios de respiração e visualizações para gerar um calor interno que lhes permite ficar nus ao ar livre por mais de 24 horas, nas noites mais frias de inverno do Himalaia.

O Tantra abrange todos os aspectos da vida, não apenas o sexo. Embora os tântricos encarem a energia sexual como parte da força vital universal, um praticante de Tantra pode ser completamente monogâmico, até celibatário. O Tantra estende a ideia de união sexual para todos os aspectos da vida. Por isso, os praticantes se sentem continuamente em estados de êxtase e bem-aventurança. Isso não significa que o tântrico esteja totalmente livre de pensamentos e sentimentos negativos. Eles são humanos, afinal. Mas o praticante do Tantra não cultiva esses pensamentos ou sentimentos nem se identifica com eles. Ele percebe pensamentos e emoções como alguém que observa uma nuvem passando no céu. Pratica a arte do desapego. Ele vive o presente, concentrando todos os seus sentidos em cada momento e celebrando a maravilha que é viver. O corpo tântrico torna-se um instrumento perfeitamente ajustado ao universo.

O simbolismo da cobra pode ser rastreado desde a arte da antiga Mesopotâmia e é usado até hoje como um símbolo da medicina moderna. A cobra simbólica enrodilhada na base da espinha é uma imagem poderosa. Nosso intestino delgado repousa, como uma cobra, na parte inferior da barriga, perto da base da coluna. Se o intestino delgado fosse estendido, mediria uma média de seis metros. Nossa serpente interior é o nosso local de decomposição. É aqui que processamos alimentos, absorvemos o que precisamos e excretamos o resto. Ele fica perto do chakra da Raiz, o centro da segurança e do aterramento. É nesse mesmo espaço de enraizamento que a serpente espera seu despertar.

As serpentes habitam lugares escuros, cavernas, paredes rochosas e pântanos úmidos. Elas são indicativos de uma energia profunda e adormecida – o próprio lugar das sombras, da escuridão e do sono reparador que dá lugar a novas possibilidades. A serpente emerge dos lugares mais profundos e escuros para encontrar a luz quente do dia. É a metáfora ideal para o florescimento do nosso verdadeiro poder.

Feitiço de Ascensão da Serpente

Lance este feitiço aproveitando o poder gerador dentro de você. Desfrute de todos os prazeres que o universo tem para lhe oferecer. Este é um encantamento longo e agradável. Não tenha pressa. Isole-se num lugar em meio à natureza. Passe uma tarde ou noite inteira fazendo isso. Leia todo o feitiço, adaptando e substituindo qualquer coisa que faça sentido para você. Use o que mais lhe convier e desconsidere o resto. A magia é um ato pessoal e criativo. Seus instintos são o ingrediente mais importante. Faça este encantamento onde não será interrompido e repita quantas vezes quiser.

> **VOCÊ VAI PRECISAR DE:**
> - Incenso de sálvia ou palo santo para defumação
> - Banheira, ofurô, piscina, lagoa ou rio (o chuveiro serve também)
> - Fogueira ou vela
> - Seu prato favorito (bolo de chocolate com especiarias, queijo e vinho, frutas com mel e uma pitada de canela etc.)
> - Uma bela música
> - Cartas de tarô

Tire a roupa e fique diante de um espelho, observando-se em seu estado natural. Olhe-se sem julgamento e com pura aceitação. Olhe-se com olhos de amor. Aproxime-se do espelho e observe intensamente seus próprios olhos. Veja sua própria consciência fitando você através dos seus olhos. Defume-se com a fumaça da sálvia ou do palo santo.

Você agora trabalhará com os cinco tattvas. *Tattva* é a palavra sânscrita para "princípio", "realidade" ou "verdade". Os tattvas são semelhantes aos quatro elementos da magia cerimonial ocidental. Você entrará em sintonia com cada tattva.

Terra: Fique nu ou, se preferir, vista roupas confortáveis. Fique ao ar livre e deite-se no chão. Sinta o chão sob o seu corpo. Sinta como a Terra o apoia. Imagine a totalidade do planeta conforme seu corpo físico entra em contato com ele. Respire fundo e sinta o cheiro da terra, se estiver ao ar livre. Enterre seus dedos no calor da terra. Conecte cada centímetro do seu corpo ao solo abaixo de você. Não existe separação. A terra é o lugar de onde você veio e para onde você vai voltar. Diga: "Eu sou a terra, a terra sou eu". Fique nessa posição pelo tempo que quiser, focando sua atenção na terra rica e fecunda abaixo de você.

Água: Devagar e com atenção, entre numa banheira, num ofurô ou numa piscina, lagoa ou rio. Sinta a água engolfando seus dedos dos pés, depois seus pés inteiros, seus tornozelos e panturrilhas. Entregue-se à sensação da água. Sinta-a se movendo, centímetro a centímetro, pela sua pele. Deite-se e deixe que seu cabelo se espalhe em torno de você. Deixe a água fazer cócegas e molhar suas orelhas. Deixe apenas o seu rosto sobre a superfície enquanto o resto do seu corpo fica submerso. Diga: "Eu sou a água. A água sou eu. Eu sou o oceano e o rio. Eu sou a névoa e o sereno. Eu sou a neve e o gelo.

Eu sou as nuvens e a chuva. Não existe separação". Fique na água pelo tempo que quiser, com a atenção na qualidade desse líquido. (Essa prática também pode ser feita no chuveiro.)

Ar: Saia da água e não se enxugue e fique ao ar livre. Deixe o ar secar seu corpo. Se houver uma brisa ou vento, deixe-os acariciar sua pele como um toque suave. Diga: "Eu sou o vento, agreste e livre. Eu sou o ar". Foque a sua respiração. Inspire e expire. Fique ao ar livre pelo tempo que quiser, com a atenção no ar cristalino.

Éter: Sente-se com as pernas cruzadas. Sinta a amplitude ao seu redor. Sinta o ar fecundo à sua volta. Sinta o espaço onde ficam os astros. Esse é o local de manifestação e a verdadeira natureza do universo em constante expansão. Diga: "Eu sou o espaço. Eu sou o éter. Eu sou a manifestação e a manifestação sou eu". Fique nessa posição pelo tempo que quiser, com a atenção no silêncio e no espaço luminosos.

Fogo: Acenda o fogo se você tiver uma lareira ou faça uma fogueira. Se não for possível, acenda uma única vela. Concentre-se intensamente na chama dançante. Observe a natureza do fogo. Deixe que ele aqueça suas palmas. Deixe que aqueça e sature a sua pele. Essa é a natureza da energia, do calor e da combustão. Diga: "Eu sou o fogo e o fogo sou eu. Eu queimo com a energia de mil estrelas". Fique aí o tempo que quiser, com a atenção na qualidade transformadora do fogo.

Agora você trabalhará nos tattvas sutis.

Leve o seu prato favorito com você para algum lugar ao ar livre ou fique dentro de casa para saboreá-lo à luz da vela.

Aroma: Providencie seu prato favorito. Respire o aroma que ele exala. Sinta a essência desse aroma. Feche os olhos. Você consegue distinguir entre o cheiro do alimento e os outros perfumes no ar? Do espaço, dos temperos e dos outros alimentos? Procure sentir o aroma de tudo ao seu redor. Observe os odores mais profundamente.

Sabor: Morda seu alimento favorito, lentamente. Prove seu sabor sem pressa. Você consegue perceber seu sabor único? Que ingredientes você sente? O que ele o lembra? Apure seu paladar a cada mordida. Continue a comer como se cada mordida fosse a primeira. Prove os sabores mais profundamente.

Forma: Observe a forma e o formato do alimento. Que formas ele teve antes do seu estado atual? Observe cada um dos ingredientes que o compõem. Imagine o que acontecerá com a forma depois de você ingeri-lo. Toda forma é transitória.

Toque: Toque sua própria mão. Sinta a pele, a carne e os ossos. Sua pele é o maior órgão do seu corpo. Sinta os seus ombros, seu rosto, a parte inferior do seu braço. Toque o chão abaixo de você. Toque seu cabelo macio. Sinta com o dedo a maciez dos seus lábios.

Som: Coloque sua música para tocar. Banhe-se nas notas musicais. Deixe que elas se movam pelo seu corpo. Procure ouvir cada uma das notas. Ouça o silêncio entre elas. Deixe que seu corpo seja carregado pela melodia. Deixe que a música termine e ouça o silêncio pungente em torno de você. Que sons você ouve? Ouça mais profundamente.

Espalhe as cartas do Tarô num círculo no chão. Sente-se dentro do círculo com as pernas cruzadas. Deixe a coluna reta e descanse as palmas das mãos nos joelhos. Concentre-se na respiração. Deixe que sua inspiração e expiração fiquem mais longas. Concentre-se na base da coluna. Imagine uma serpente enrodilhada descansando aí. Sinta o calor e o poder no lugar onde essa serpente está. Deixe sua inspiração descer pela coluna e expire a energia para cima. Deixe sua respiração fazer com que a serpente suba pela sua coluna. Deixe que a energia da serpente suba. Imagine a serpente iluminando seu corpo enquanto ela sobe pelos órgãos genitais, estômago, coração, garganta, Terceiro Olho e, finalmente, pela coroa, no topo de sua cabeça. Sinta o seu poder aumentando e irradiando para todas as partes do seu corpo. Imagine-se iluminado pela essência do fogo purificador. Deixe que esse poder se irradie da sua pele e olhos. Saiba que esse é o estado do seu poder verdadeiro e aperfeiçoado. Seu eu autêntico, além do que você aprendeu ao longo da vida, além do que você herdou da sua família. Esse ser indomável e vibrante é o verdadeiro estado do seu ser. Viva dentro dele. Deixar que ele ilumine você.

Tire uma carta do baralho de tarô para obter um conselho, *insight* ou inspiração, antes de apresentar o seu verdadeiro ser e sua bela energia ao mundo.

– Extraído de "Tantric Kundalini Serpent Rising Spell", Sasha Graham, *Llewellyn's 2021 Magical Almanac*.

Hoodoo – As suas Habilidades Mágicas e Espirituais Valem Ouro

Você já ouviu falar em Hoodoo? Trata-se de um conjunto de técnicas mágicas e espirituais que nasceu da necessidade dos homens e das mulheres negras de recuperar o poder, a força, a coragem, a empatia e a autoestima que eles acreditavam que, de alguma forma, tinha lhes sido tomados com a escravização.

O Hoodoo (pronuncia-se "Rudu") é a magia folclórica praticada no sul dos Estados Unidos. Ele é resultado de muitas gerações que nada tinham na vida a não ser suas crenças espirituais. Essas crenças vieram do Vodu Haitiano e se misturaram com as técnicas de cura dos indígenas norte-americanos e com o conhecimento contido em alguns grimórios de origem europeia, com suas fórmulas mágicas e "Conjuras" (orações e evocações).

Por volta de 1890, a prática já era largamente difundida, porém não se falava abertamente dela. As pessoas só a buscavam quando havia necessidade. Por exemplo, quando uma moça negra se apaixonava e não era correspondida, a mãe, as tias, ou as avós, mulheres de muito saber, lhe ensinavam que uma gotinha de saliva na bebida do moço poderia fazer toda a diferença. No momento em que ele ingerisse a bebida, passaria a escutar com muito mais atenção as palavras dela... E, se por acaso, ela viesse a se casar com ele, providenciava-se um bom "Saco Nação", um amuleto para promover a fidelidade e a felicidade conjugal, como ensinavam as mulheres de Memphis, no Tennessee.

O Hoodoo ensina técnicas de todos os tipos. São banhos, pós, óleos mágicos, lavagens de chão, amuletos... Tudo a partir de cúrios, uma contração da palavra "curiosidade", que são itens encontrados em qualquer lugar da natureza, como sal, terra de rios e mares, água de chuva ou água de nascente, ervas e especiarias etc.

Com o Hoodoo, podemos não só recuperar o que achamos que nos foi roubado (pelo tempo e também pela vida), mas também criar, atrair e promover o que acreditamos que nos falte. Como método mágico-espiritual, é importante que não apenas tenhamos pensamento positivo, para atrair o que queremos do universo, mas também que façamos alguma coisa "física", para mostrar a ele que estamos colaborando com nosso processo de mudança e agilizando os resultados que queremos obter.

Se você tem um problema, seja ele físico, emocional, espiritual ou material, isso é sinal de que algo na sua vida não vai bem, ou está em desequilíbrio. Para corrigir esse desequilíbrio, é preciso que você comece a organizar a sua vida de fora para dentro. Você começa arrumando a casa, lavando o chão, depois fazendo banhos de cura e de limpeza espiritual, para remover as energias negativas que estão ao seu redor. Assim você coloca sua vida num novo ciclo energético, atraindo para si as forças espirituais que lhe faltam e propriedades mágicas, como sorte e sucesso.

Isso não é complicado. Você só precisa seguir alguns métodos – e nem precisa ter poderes sobrenaturais, pois o Hoodoo ajuda você a recuperar o seu poder pessoal. Você não precisa fazer oferendas, nem evocar nenhum tipo de ser, a não ser que queira, porque, no Hoodoo, as orações e magias são feitas para potencializar a sua própria capacidade de criação.

Como começar?

Primeiro, pense no problema que quer resolver. Independentemente da área da sua vida que ele afete, financeira, amorosa, espiritual, comece com uma boa faxina na sua casa e depois faça uma limpeza espiritual, para comunicar ao universo que você quer "purificar" a sua vida e o seu corpo desse problema. Faça esses banhos de purificação na terça-feira, porque esse é um dia de ação, um dia que, segundo a cultura romana, está associado a Marte, o deus das guerras e das vitórias e, segundo o Vodu, (uma religião de amor, cura e harmonização, que nasceu no Haiti e se espalhou pelos Estados Unidos), relaciona esse dia a *Ogom*, a personificação da ação, da vitória e da resolução de conflitos.

Um banho simples para se fazer nesse dia é o composto de três folhas de espada-de-são-jorge, uma colher de sal, três folhas de boldo e sete colheres de erva-mate (você pode utilizar inclusive o chá-mate de saquinho).

Ferva as ervas numa panela com água, coe e despeje essa mistura num balde com água. Tome sua ducha normalmente, depois jogue a mistura do balde no corpo, desde a cabeça, e vá fazendo movimentos com as mãos para baixo, como se estivesse se limpando, para que todas as energias que estiverem coladas em você possam ser levadas pela água.

É importante que você lave bem a cabeça com essa mistura, pois ela vai trazer clareza, eliminar formas-pensamentos persistentes e lhe dar força.

Após tomar esse banho, deixe o corpo secar naturalmente, para que ele possa agir no corpo espiritual. Em seguida tome outro banho, com água e sabão, para remover o resto das ervas e do sal do seu corpo.

No Hoodoo, os banhos de ervas são para o espírito, não para o corpo, mas quando você lava o corpo físico, seu corpo espiritual é tratado. Embora algumas tradições afirmem que não se deve enxaguar o corpo depois do banho de limpeza espiritual nem molhar a cabeça, no Hoodoo é diferente. Algumas ervas utilizadas pelo Hoodoo são bem fortes e não devem ser mantidas por longos períodos em contato com a pele, pois podem causar irritações e a intenção aqui não é criar mais um problema... Lavar a cabeça também é importante, porque, do contrário, todas as energias que estão estagnadas ali acabam por se irradiar novamente para o corpo, tornando esse tratamento espiritual uma perda de tempo.

Faça o banho na terça-feira à noite... para ter mais força. A noite é o reino do mistério e quando se trata de recuperar as rédeas da vida, estamos andando em caminhos ainda desconhecidos.

Você pode usar a mesma mistura desse banho para lavar o chão da sua casa. Na mesma terça-feira em que fará o banho, varra o chão da porta dos fundos em direção à porta da frente, para que todas as coisas ruins saiam da sua casa. (Se você mora em apartamento, lave em direção ao banheiro, para que a sujeira astral desça pelo ralo). Depois dilua o chá obtido da fervura das ervas e do sal em vários baldes com água e lave bem o chão da sua casa, dando especial atenção aos cantos e rodapés.

Depois da limpeza da casa e do banho purificador, potencialize os seus atos mágico-espirituais fazendo um "Óleo Local". Para isso, coloque num frasco pequeno azeite de oliva, folhas de arruda, cascas de alho, casca de laranja, cravos-da-índia, alecrim e uma pitada de sal. Adicione ao frasco um pouco da terra de um vaso ou jardim da sua casa e guarde esse óleo numa gaveta por sete dias. Depois disso você pode usá-lo como um óleo de proteção, passando algumas gotas nos pulsos e na nuca, e também nas fechaduras, chaves, dobradiças e nas paredes e no chão da casa. Desse modo, você assegurará que a sorte não saia da sua casa e a prosperidade não escape – pois às vezes a nossa casa é como um frasco de perfume aberto... a essência evapora.

Enquanto faz essa limpeza na casa, você deve dizer

> "Mantenho aqui a felicidade, a prosperidade, a alegria e o amor. Atraio para este lugar, as energias positivas que este lar precisa ter e atraio para mim as energias que eu preciso ter.
>
> Para que possa se manter, para que possa durar, com alegria e vigor, eu possa sempre refazer."

Essa conjura é importante, pois você comunica aos seres que o guiam, comunica ao universo, que você precisa manter esse local protegido e com as forças renovadas, para que você possa viver bem ali.

Banhos para diversos propósitos

Para fazer um banho de cura, você deve usar folhas e flores de sabugueiro, que dizem curar doenças naturais e sobrenaturais, e adicionar sal, para neutralizar energias que estejam em ação. O uso do sal é muito antigo e sempre se mostra eficaz.

Se o que você quer curar é a sua tristeza, use lavanda, jalapa, manjerona ou erva-de-são-joão. Faça um banho com três ervas, escolhendo duas ervas dessas mencionadas e misturando-as com o sabugueiro.

Se for para curar a sua prosperidade, use folhas de bananeira, pó da resina do benjoim e folhas de tomate, que você inclusive pode plantar num vasinho.

Se for para o amor, use verbasco, amor-perfeito e folhas e pétalas de rosas.

O método é sempre o mesmo: ferva as ervas, misture com mais água e aplique no corpo depois da ducha. Deixe secar e depois tome outro banho. Limpe a casa com a mesma mistura.

No Hoodoo, não se faz substituições das ervas ou dos outros ingredientes, por isso é muito importante, se quiser ter sucesso, que você siga as receitas e métodos à risca.

É assim que recuperamos, no Hoodoo, o poder da nossa própria vida. Organizando-a, purificando-a e curando-a. É assim que descobrimos os nossos próprios dons. Explorando a grandeza e a vastidão do nosso próprio corpo, do nosso próprio chão, das nossas próprias crenças. O seu poder vale ouro, os seus dons e talentos são seus e recuperá-los é um direito seu, leve o tempo que for preciso.

– Kefron Primeiro, praticante de Hoodoo e Vodu, professor de Cultura Afro-Americana, psicoterapeuta, terapeuta holístico integrativo. Autor do site Hoodoo Tradicional – Brasil Conjure (www.brasilconjure.com) e dono da loja virtual Casa de Hoodoo (www.casadehoodoo.com)

Prece para Abençoar o Lugar Onde Você vai Praticar Magia

Suave é a chuva que se derrama
sobre campos abençoados.
Ela acalma o coração, apazigua a mente
E traz a solidão que tanto busco.
Ela cai tão doce, tão suave que,
nada perturba, nem uma folha dobra.
E, ainda assim, a água que vem
levará embora todo o sofrimento.
A doçura acompanha sua queda
e a quietude, e o amor, e a paz
estão a toda volta, em novo frescor.
É isso o que a chuva traz.
Que nenhuma negatividade invada
este cômodo outra vez.
Pois o amor agora o habita,
tão leve, tão calmo, tão puro;
e posso realizar meus rituais
enquanto a paz aqui perdura.

As Saudações Utilizadas na Wicca

Quando encontrar outros wiccanos, você vai se deparar com algumas formas comuns de saudações. As duas mais comuns são: "Abençoado seja" e "Feliz encontro". A primeira delas vem, na verdade, da tradição gardneriana. Em suas iniciações, o sacerdote diz o seguinte para quem está sendo iniciado:

> "Abençoado sejam os seus pés, eles o trouxeram por estes caminhos.
>
> Abençoados sejam os seus joelhos, que se ajoelharão no altar sagrado.
>
> Abençoado seja o seu ventre, sem o qual não estaríamos aqui.
>
> Abençoados sejam os seus seios, erguidos em força e beleza.
>
> Abençoados sejam os seus lábios, que pronunciarão os nomes sagrados".

Portanto, a saudação "Abençoado seja" envolve tudo o que foi descrito acima.

"Feliz encontro" é uma saudação pagã mais comum e mais antiga. Eis sua forma completa: "Que possamos ter um feliz encontro, uma feliz partida e um feliz reencontro". Hoje é mais comum usar a versão mais curta ("Feliz encontro") no início das reuniões e "Feliz partida" ou "Feliz Reencontro" nas despedidas. Todas essas saudações entre os bruxos ("Abençoado seja" e "Feliz partida/reencontro") são invariavelmente acompanhadas de um abraço e um beijo.

A Escolha do Momento Certo para Fazer Magia

É importante saber quando fazer a sua magia. A Lua é o seu relógio e o seu calendário para trabalhar com a magia. Se a Lua estiver no quarto crescente, então é hora de fazer magia *construtiva* – e a melhor época e o mais próximo possível da Lua cheia. Se a Lua estiver no quarto minguante, então será o período para a magia *destrutiva* – e a melhor época é o mais próximo possível da Lua nova.

A *magia construtiva* é aquela que usamos para promover o crescimento ou aumento de algo. Por exemplo, levar alguém a se mudar de um bairro violento para outro mais tranquilo é definitivamente magia construtiva, pois isso aumentou a felicidade dele. A magia de amor é construtiva, assim como a conquista de um novo emprego, prosperidade, sucesso, saúde.

A *magia destrutiva* é geralmente realizada para pôr fim a alguma coisa: um caso de amor, um hábito nocivo, um modo de vida não muito equilibrado.

Considere o problema cuidadosamente e decida qual é a melhor forma de resolvê-lo. Por exemplo, se quiser romper um antigo relacionamento e iniciar um novo, com alguém mais compatível, você tem que fazer magia para promover o encerramento de um ou para promover o início de outro? Ou tem que fazer as duas coisas? A resposta pode ser resumida da seguinte maneira: "pense positivo". Em outras palavras, tanto quanto for possível, trabalhe com o aspecto *construtivo*. Se você se concentrar em conseguir um novo relacionamento, então isso provavelmente fará com que o antigo se acabe naturalmente. Quando estiver em dúvida, trabalhe na Lua crescente.

Lembre-se sempre da Rede Wiccana: "Faça o que quiser, mas não prejudique ninguém". Não faça nenhuma magia que venha a prejudicar alguém de alguma forma ou que interfira em seu livre-arbítrio. Se estiver em dúvida, não faça nada.

Muitas vezes é uma boa ideia, especialmente quando se trabalha com alguma coisa muito importante como, por exemplo, a cura (claro que você não investiria tempo ou esforço em algo sem importância!), persistir nesse trabalho por um certo período. Por exemplo, você poderia realizar o trabalho uma vez por semana, passando por todas as fases da Lua. Digamos que a Lua nova seja em 30 de julho e a Lua cheia em 15 de agosto. Você poderia iniciar seus trabalhos mágicos em 1º de agosto, repeti-lo no dia 8 e realizar um trabalho final na noite da Lua cheia, em 15 de agosto.

Os dias da semana também podem influenciar os trabalhos de magia. Por exemplo, a sexta-feira é sempre associada à Vênus, que, por sua vez, é associada ao amor. Sendo assim, se possível, realize a magia de amor na sexta-feira. A tabela da correlação entre os dias e os planetas, e características que eles regem, assim como outras tabelas de correspondências, estão no artigo Tabelas do Almanaque Wicca.

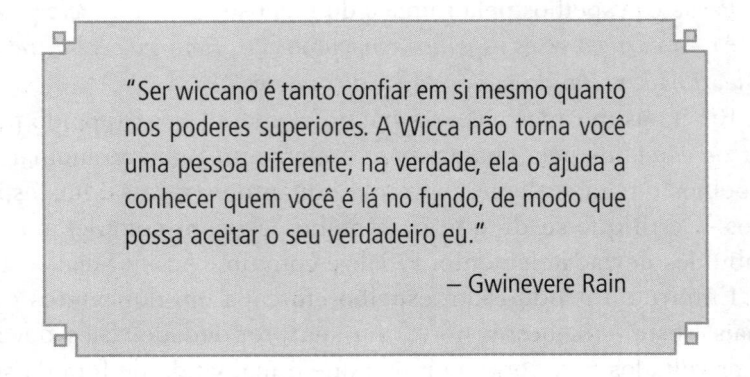

> "Ser wiccano é tanto confiar em si mesmo quanto nos poderes superiores. A Wicca não torna você uma pessoa diferente; na verdade, ela o ajuda a conhecer quem você é lá no fundo, de modo que possa aceitar o seu verdadeiro eu."
>
> – Gwinevere Rain

Feitiço de Proteção para a sua Casa

Reúna seus instrumentos mágicos (athame, varinha etc.), quatro espelhos pequenos e símbolos dos quatro elementos (Ar, Fogo, Água e Terra): incenso, uma vela, um prato de água e um prato de sal.

Aponte seu instrumento para os espelhos, dizendo:

> *Eu carrego estes espelhos como proteção, eles me servem como guardiões. Nenhum mal pode passar por eles. Retorna, volta, retrocede, ó mal, voltando para o lugar de onde veio!*

Passe os espelhos pela fumaça do incenso, dizendo: *Pelo poder do Ar eu carrego esses espelhos com proteção. Retorna, volta, retrocede, ó mal, voltando para o lugar de onde veio!*

Repita as mesmas palavras para o elemento Fogo quando passar os espelhos pela chama, para o elemento Água ao molhar os espelhos e para o elemento Terra enquanto esfrega sal nos espelhos. Certifique-se de que os espelhos estejam completamente imbuídos de cada elemento. Finalize com um "Assim Seja!"

Enterre ou pendure um espelho em cada um dos pontos cardeais (leste, sul, oeste, norte) da sua propriedade. Eles devem estar voltados para fora, de modo que o mal vindo de fora da sua propriedade seja refletido de volta para o intruso.

A Magia do Movimento: As Alegrias da Dança Espiritual

Há milhares de anos, a dança tem sido uma expressão de espiritualidade. Os antigos dervixes rodopiantes do Sufismo, a dança do ventre do Oriente Médio e as danças tribais dos povos indígenas de todo o mundo, junto com as mais recentes, como a Dança dos Cinco Ritmos e a Dança de Transe, todos têm uma conexão com a espiritualidade.

A música é a linguagem universal que acompanha a dança. E os pagãos são retratados com frequência pela mídia como pessoas com uma forte conexão com a música. Isso porque a música nos leva a nos conectarmos uns com os outros, com nosso eu interior e com a divindade. A dança envolve o corpo, a mente e a alma, nos levando a uma experiência espiritual única. Ela permite que nos elevemos a uma consciência superior. Ela transcende o espaço e o tempo, nos trazendo totalmente para o presente. A dança é um tipo de meditação que nos leva a ficar no aqui e agora. Esvazia a mente de distrações e preocupações e nos faz comungar com o universo em paz.

Benefícios da Dança Espiritual Espontânea

Embora muitas formas de dança requeiram um professor e várias etapas de aprendizagem, a dança espontânea é exatamente o que diz o nome dela. A dança espiritual espontânea incentiva o praticante a fazer o movimento que é gostoso, que expande o corpo, a mente e o espírito ao mesmo tempo. Não há etapas, movimentos ou padrões pré-definidos a se aprender. Trata-se apenas de fazer o que parece certo para você.

A dança espiritual traz grandes benefícios físicos, emocionais e mentais para a sua vida, o mais óbvio é que você pratica exercícios físicos, o que ajuda a promover a sua saúde. Quando a dança passou a fazer parte da minha vida, isso não só me ajudou a perder alguns quilos, como também ajudou a tonificar meus músculos e aumentar minha resistência, força e flexibilidade. Isso, por sua vez, me ajudou a criar mais positividade corporal e a ter vontade de explorar os movimentos para aumentar o meu prazer.

A dança é um exercício aeróbico que ajuda a melhorar a coordenação e o equilíbrio, a fortalecer os músculos e a combater a osteoporose. Ela também ajuda a soltar e lubrificar as articulações. Ajuda a manter nosso corpo jovem e a voltarmos no tempo para curar danos anteriores.

Também melhora a saúde mental e emocional, bem como alivia a tensão e o estresse. Ao aumentar as endorfinas e a adrenalina em seu corpo, ela também traz felicidade. A dança como parte de uma prática espiritual produz efeitos positivos de longo prazo, melhorando seu estado de espírito e sua saúde mental. É difícil ficar infeliz quando você está dançando!

A dança permite que você se conecte profundamente com seu eu interior ou com o universo exterior, a força vital que nos liga com a divindade. Ela permite que você se conecte à sua energia vital básica. Ela é natural. É instintiva. Até os bebês com idade suficiente para ficar de pé sabem que dobrar os joelhos no ritmo da música dá prazer. Isso lhes traz alegria e risos.

Como iniciar a dança espiritual

Quando se entrega a uma dança espiritual espontânea, você pode escolher ficar totalmente no presente, no aqui e agora, com todos os sentidos intensificados, ou pode optar por se perder no momento e escapar do mundo cotidiano.

Como outras formas de meditação, a dança espiritual espontânea é algo que você pode adicionar à sua prática espiritual sem muita dificuldade. Ela pode acontecer literalmente em qualquer lugar onde você tenha espaço. Você pode dançar sozinho ou com outras pessoas. Pode dançar em ambientes internos ou externos. A dança funciona numa infinidade de locais.

Você também não precisa de nenhuma experiência. Em absoluto. Eu tive aulas de dança do ventre anos atrás e, embora eu adorasse, não continuei a praticá-la. A minha vida mudou, eu me envolvi em outros projetos e deixei de dançar, mas esse foi um erro que agora posso remediar.

Meu caminho para a dança espiritual

Meu caminho para a dança espiritual foi interessante e tortuoso. Começou no Mardi Gras, o Carnaval de Nova Orleans. Embora eu não more em Nova Orleans, adoro visitar essa cidade e vou visitá-la sempre que posso. Há alguns anos, finalmente cheguei ao meu primeiro Mardi Gras, e depois de uma semana caminhando e pegando contas e toneladas de guloseimas, eu estava com tanta dor nas costas que era óbvio que não estava em forma. Eu também nunca tinha pesado tanto. Decidi então que era hora de fazer algumas mudanças radicais na minha vida.

Eu ainda era uma sobrevivente do câncer em recuperação, ainda não considerado em remissão completa, e decidi que já tinha passado por sustos suficientes com relação à minha saúde. Já era tempo de perder peso e ficar em melhor forma. Estranhamente, encontrei muita ajuda na internet. Graças a anúncios do Facebook, descobri opções que me ajudaram. Eu era altamente cética, mas o que tinha a perder?

Tentei marmitas *fitness*, não para emagrecimento, mas aquelas que proporcionavam pratos saudáveis, e *kits* com os ingredientes para montar os pratos em casa. Isso me deu uma visão totalmente nova da comida e não só me permitiu cortar calorias, como também me ajudou a conhecer novas receitas e alimentos que eu nunca tinha experimentado. Eu quase não incluo a carne na minha alimentação diária, pois descobri que ela me deixava mais lenta e pesada. Experimentei um programa que premiava seus membros por perder peso. Funcionou. Eu ganhei mais de 900 dólares, depois de completar minha primeira meta de perda de peso. Quadrupliquei meus passos diários com a ajuda do aplicativo Fitbit e aumentei meus minutos diários ativos em 900 por cento.

Também conheci Misty Tripoli, da Body Groove. Body Groove é um treino que nos ajuda a descobrir o que funciona para nós. Ensina muitos movimentos de dança simples que são repetidos ao longo de uma música inteira. Com a personalidade divertida e as ideias criativas de Misty, saí do sofá e comecei a me mexer novamente. Seu plano de dança espontânea foi um trampolim para as minhas próprias ideias.

Comecei minha própria dança noturna temática. Às vezes eram os Beatles, bandas dos anos 80, música pop dos anos 90 – o que quer que eu quisesse dançando naquela noite. Se estivesse frio ou chovendo, eu dançava na sala de estar ou no quarto. Mas, quando o tempo estava bom lá fora, eu ia para o meu quintal, ao pôr do sol, quando as estrelas apareciam. Como eu estava cercada por árvores e vaga-lumes, com as estrelas e a Lua lá em cima, não deveria ser nenhuma surpresa que eu acabasse mudando meu repertório e passasse a ouvir músicas mais espirituais. Minha prática da dança espiritual nasceu.

Perdi peso e adorei a forma como a dança me fazia sentir e a conexão que eu sentia com o universo ao meu redor. Ela trouxe felicidade e alegria à minha vida, algo que eu nem sabia que estava faltando. A vida se tornou muito mais agradável e adorável. Ela me ajudou a lidar com pessoas e situações negativas.

Como formei meu próprio grupo

Decidi que queria compartilhar a experiência da dança espiritual com outras pessoas. Se eu era capaz de encontrar prazer na dança e senti minha vida mudar por simplesmente dançar, talvez outras pessoas também pudessem sentir o mesmo.

Minha primeira dança espiritual da Lua cheia com mulheres foi melhor do que eu poderia imaginar. Admito, eu estava nervosa. Nunca tinha visto nenhum evento como aquele em minha comunidade, então tive que começar do zero. (Isso é algo que nós, pagãos, precisamos fazer mais: se algo não existe na sua região, crie!) Achei que as pessoas poderiam pensar que eu era louca. Achei que algumas pessoas (vivendo numa região extremamente católica) pudessem fazer comentários desagradáveis. Achei que, se as pessoas realmente quisessem fazer isso, então certamente outra pessoa teria começado. Achei que tinha pouca chance de encontrar outras pessoas que estivessem interessadas, mas eu sabia que não encontraria ninguém sem tentar.

Fiz uma publicação no Facebook, através da minha página Labirinto Espiral, e convidei mulheres para dançar sob a luz da Lua cheia junto comigo. Fiquei muito surpresa com o número de mulheres da minha região que não apenas responderam, mas ficaram tão entusiasmados com a ideia quanto eu. Eu tinha fixado o limite de 25 pessoas e consegui atingir esse número em pouquíssimo tempo. Mais centenas clicaram na opção "interessada". Muito poucas das que responderam se conheciam. Eu mesma só conhecia três mulheres que haviam confirmado presença. Algumas poucas trouxeram uma amiga, mas, na maior parte, éramos um grupo de completas estranhas. Passamos a primeira hora nos apresentando e nos conhecendo um pouco. Quando nos preparávamos para começar nossa dança, ficamos num círculo no meio do quintal, de mãos dadas.

Quando a música "There Is No Time", de Kellianna, começou a tocar, nós balançamos para a frente e para trás e cantamos junto. Passamos a próxima hora ou mais dançando livremente diferentes tipos de música de uma *playlist* que passei semanas preparando.

> **Um toque de magia**
>
> Você não tem que acreditar no que eu digo. Coloque uma música para tocar agora, onde você estiver, e passe os próximos minutos descobrindo os benefícios da dança por si mesmo.

Começamos ao pôr do sol. À certa altura a Lua surgiu ao longe e pudemos vê-la entre as árvores. Velas, iluminação solar e pedras brilhantes ajudaram a guiar nosso caminho e tornar mais mágico o ambiente noturno. Tínhamos uma variedade de instrumentos de percussão – pandeiros, maracas e um pau de chuva – para intensificar a experiência. Também havia lenços e véus ciganos para quem quisesse.

Conversamos, dançamos, bebemos vinho. Foi realmente uma experiência incrível. Um grupo de desconhecidas, que nunca tinha feito nada parecido antes, se reuniram sob a luz do luar e construíram um vínculo entre mulheres. Embora algumas tivessem experiência em dança e outras tivessem experiência em círculo de tambores, dançar num grupo só de mulheres sob a Lua Cheia foi a primeira vez para todas. As lembranças daquela noite serão para a vida toda. Assumimos o compromisso de ficarmos abertas para as outras mulheres e para compartilhar enquanto celebrávamos a irmandade e nossa conexão com a Lua.

Adicione a dança espiritual à sua prática

Embora dançar em grupo seja uma experiência incrível, você não tem que começar dançando com outras pessoas (embora você possa, se quiser!). Sinta-se à vontade para começar sozinha e ir aos poucos pegando prática.

Não está em boa forma? Comece com apenas uma ou duas músicas. Na semana seguinte adicione mais uma. Construa seu "repertório" conforme avança. Quando você está começando, pode precisar de músicas mais fluidas e etéreas de início.

À medida que começar a ficar mais experiente e entusiasmada, acrescente mais percussão ou canções tribais para fazer seu coração bater mais forte. Por fim, você pode preparar uma *playlist* que inclua músicas de diferentes tipos e ritmos, para aquecer, dançar e desaquecer. Pode ser que você queira uma *playlist* leve e fluida. Talvez queira só o toque de um tambor.

Ajuste sua música aos objetivos da sua prática. Não existe certo ou errado; descubra o que combina com você. Faça diferentes *playlists* para diferentes ocasiões ou ambientes. Eu faço *playlists* diferentes para cada um dos sabás e outro para as Luas cheias. Personalize as suas para que funcionem melhor para você. Serviços como YouTube, Spotify, Amazon Music e Pandora são extremamente úteis para nos ajudar a encontrar músicas novas. (Esses serviços também são uma ótima maneira de encontrar e incentivar artistas pagãos!)

Se você decidir prosseguir com a ideia de dançar

em grupo, certifique-se de ter um espaço onde as pessoas possam dançar livremente sem esbarrar ou trombar umas nas outras. No Labirinto Espiral, temos uma regra: se você quer ficar sozinho, dance na periferia. Quanto mais perto do centro, mais aberto você estará para ter outras pessoas perto de você. Isso funcionou muito bem para nós e evita que as pessoas invadam o espaço das outras que não veem isso com bons olhos. Quando estabelecemos limites, todos se sentem respeitados e criam seu próprio espaço sagrado em torno de si.

Numa prática de grupo, também convém manter uma área reservada para os intervalos entre as danças. Colocamos bancos e cadeiras de acampamento num espaço onde as dançarinas podem fazer uma pausa, se aquecer ao lado da fogueira, tomar um pouco de água ou vinho, relaxar e se recuperar antes de pular de volta na pista para outra rodada de dança.

Faça o que fizer, só faça o que agradar a você.

Eu tenho uma prática diária mais relaxante e meditativa. Para ocasiões especiais, no entanto, faço da minha dança espiritual algo mais próximo de um ritual. Para uma dança da Lua cheia, uso uma roupa branca bem solta e sapatilhas brancas. Para um baile de Lua nova, eu me visto de preto. Para as danças do sabá, personalizo minhas roupas de acordo com as festividades. Também uso *playlists* ligeiramente diferentes. Embora possa haver músicas que podem ser usadas em qualquer ocasião, procuro outras que sejam específicas para o sabá. Eu uso velas e incenso para ajudar a criar uma atmosfera. Você pode fazer dessa prática algo tão simples ou elaborado quanto quiser e pode personalizar sua prática para atender às suas necessidades.

Eu realmente espero que todos que estão lendo isto deem uma chance à dança espiritual. Se a dança não fosse uma parte importante da vida do ser humano, não estimulariam a produção dos hormônios responsáveis pelo prazer. Não nos daria tanta alegria. Não iria aliviar o estresse e nos deixar felizes. Dançar provoca uma sensação maravilhosa e nos deixa felizes porque é algo bom. A dança é um presente da Divindade. Quando aceitamos esse presente e usufruímos dele, podemos nos conectar com o divino e com todo o universo.

— Extraído de "The Benefits and Joy of Freeform Spiritual Dance", Kerri Connor, *Llewellyn's 2021 Magical Almanac*.

A Magia dos Chás de Ervas

Todo mundo adora um chá, certo? Errado. Eu mesma não gostei de chá por muitos anos. Não conseguia entender o que havia de tão especial numa xícara de água quente com gosto de mato. E depois que desisti da cafeína, beber chá me pareceu algo fora de questão. Mas então descobri uma deliciosa mistura de ervas e meus experimentos com os chás de ervas começaram. O que descobri é que o chá de ervas não serve apenas para bebermos: soluções de chá mais fracas podem ser usadas para outros fins, como numa limpeza espiritual da casa ou num banho ritual.

A magia do chá envolve muitos tipos de bruxaria, incluindo a magia caseira, a magia ecológica, a magia das ervas, a magia elemental e a preparação de poções. Aqui, vou tratar apenas do chá de ervas.

O chá de ervas para beber é tecnicamente chamado de *tisana* e qualquer outra preparação combinando ervas e água, para qualquer propósito, é chamada de *infusão*, mas, para simplificar, vou usar a palavra genérica "chá" para os dois casos.

Vou mostrar, ao longo deste artigo, quais ervas eu uso (com base na minha própria experiência), mas, na realidade, existem muitas ervas na sua região que você pode usar para substituí-las, por isso sugiro que encontre uma boa lista de correspondências de ervas mágicas para consultar. (Veja a lista de Sugestões de Leituras no final deste artigo.)

Cuidado: Certifique-se de usar apenas ervas comestíveis caso pretenda ingeri-las ou usá-las na pele! Se você tem dúvidas sobre alguma erva, consulte seu médico.

Equipamento básico e instruções

A preparação do chá de ervas é um processo simples: ferva a água, acrescente às ervas e *voilá!* Você fez seu chá. Você pode deixar a maioria dos chás de ervas em infusão indefinidamente, sem que isso ocasione qualquer efeito adverso (como amargor). Isso significa que você tem muitas opções de preparo. Você pode usar um infusor de chá, um utensílio redondo com furinhos no qual são colocadas as ervas, ou adicionar as ervas soltas à chaleira de água fervente e depois coar. A cafeteira francesa, também chamada de prensa francesa, é também um utensílio eficiente se você faz chá com frequência. Além disso, você pode usar um almofariz e um pilão para triturar algumas ervas e especiarias antes de preparar o chá.

O chá de ervas pode ser feito com ervas frescas ou secas (ou desidratadas.) Para os chás mágicos, existem duas escolas de pensamento: uma afirma que as ervas frescas têm energias mais puras. A outra diz que as ervas secas produzem um chá melhor e, como são mais fáceis de encontrar, você tem mais opções. Sejam ervas frescas ou secas, a receita para uma xícara de 240 ml de chá normalmente leva três colheres de chá de ervas frescas ou uma colher de chá de ervas secas. Todas essas informações também se aplicam aos chás gelados. As receitas que apresento são para ervas secas (exceto quando indicado o contrário), então ajuste a quantidade caso prefira usar a erva fresca.

Um aviso rápido sobre a água: obviamente, você pode usar tanto a água da torneira quanto a de filtro ou de poço, caso ela seja limpa, transparente e sem detritos. Você também pode fazer qualquer tipo de chá usando água mineral engarrafada ou de nascente.

A magia simples de se beber chá

- Mexa o chá no sentido horário para gerar energia positiva.
- Desenhe símbolos, sigilos ou palavras sobre a superfície do chá com o seu athame, varinha ou dedo indicador, para programá-lo com a sua intenção.
- Beba uma xícara de chá como uma meditação sobre os elementos: o chá é composto de Fogo, Água, Terra (ervas) e Ar (vapor e aroma).
- Para que o chá tenha mais poder, escolha aromas com correspondências mágicas que combinem com o seu chá. Escolha entre uma variedade de frutas secas, sucos de frutas, extratos aromatizados, adoçantes, laticínios ou alternativas ao leite, e especiarias.
- Faça um travesseiro aromatizado com recheio de ervas comestíveis. Para alinhar a energia do seu corpo com o travesseiro, beba o chá feito com uma ou mais dessas ervas antes de ir para a cama.
- Para começar sua manhã, carregue seu chá com esta afirmação:
  - *Forte no corpo, puro de coração, com a mente clara, hoje eu começo meu dia. Dentro da verdade, do amor e da luz eu vou – como em cima, assim embaixo.*
- Para terminar o seu dia, à noite, carregue o seu chá com esta afirmação:
  - *Encerro este dia com lições aprendidas, experiência adquirida e sabedoria conquistada. Que deles só advenha o Bem – tanto dentro quanto fora de mim.*
- Reserve uma xícara ou caneca para ser usada estritamente com chás mágicos.

Feitiço com vela e chá

Este feitiço foi criado para ajudar você a atrair algo em sua direção. Escolha uma erva que corresponda ao seu objetivo – experimente hortelã para a prosperidade, dente-de-leão para a saúde, camomila para a paz e a tranquilidade, ou hibisco para o amor.

- Vela flutuante ou votiva
- Prato
- Chá de folhas soltas de uma única erva
- Xícara de chá ou caneca

Coloque a vela no meio do prato. Faça um círculo ao redor da vela com as folhas soltas do chá. Acenda a vela e passe alguns minutos visualizando seu feitiço se tornando realidade. Depois, olhe para a chama da vela e recite este encantamento três vezes:

Enquanto eu olho para a luz, posso ver meu futuro brilhante.
Erva e água, cera e fogo, a dádiva do(a) _____ é minha para que eu a reivindique.
Portanto, o(a) _____ virá até mim – esta é a minha vontade, assim seja.

Deixe a vela queimar completamente. (Se você tiver que apagar a chama e acendê-la novamente mais tarde, tudo bem.) Enquanto isso, reúna as folhas soltas e prepare o chá somente com elas ou adicionando-as a outro chá. Segure sua xícara de chá e, à medida que ele esfria, olhe para ele de um ângulo em que possa ver a luz refletida na superfície. Repita o encantamento novamente três vezes. Então, beba lentamente seu chá e internalize assim a magia, atraindo seu objetivo para você.

Banho ritual com chás

Como já afirmei, você só deve usar ervas comestíveis em seu banho ritual, pois seu corpo vai absorver pequenas quantidades das ervas por meio da pele.

Dito isto, esta é uma grande oportunidade para desfrutar das propriedades de quaisquer ervas que você não queira necessariamente consumir em forma de chá.

Fazer um chá mágico para o banho tem várias vantagens. Primeiro, você não precisa usar uma grande quantidade de ervas para extrair delas sua essência mágica. Além disso, usar um chá de ervas faz muito menos bagunça do que adicionar as ervas diretamente na água do banho. E, por último, você pode fazer o seu chá com antecedência e guardá-lo para uso futuro.

Você é quem decide se quer um chá mais forte ou mais suave para o banho. Qualquer chá fraco contêm as propriedades mágicas das ervas usadas, mas um chá mais forte pode ser mais do seu agrado. Em geral, use entre ½ e 1 xícara de ervas para um chá fraco e 1 ½ xícara ou mais para um chá mais forte. Adicione as ervas a 1 litro de água fervente. Deixe em infusão por pelo menos 15 minutos. Coe as ervas e, em seguida, adicione o chá diretamente à água do banho, sozinho ou com sais de Epson, bicarbonato de sódio, aveia, leite etc. Ou você pode guardá-lo num recipiente de vidro para mantê-lo na geladeira. Caso não tenha uma banheira, despeje o chá dos ombros para baixo no final do banho.

Eis algumas receitas para você experimentar:

Chá floral multifuncional para o banho

Use esta receita mensalmente ou conforme necessário para garantir amor, dinheiro, proteção e sorte em geral.

- ✦ ½ xícara de rosas
- ✦ ½ xícara de jasmim
- ✦ ½ xícara de calêndula

Chá para a saúde mental

Ingredientes frescos contêm água, portanto este chá leva mais ervas do que os outros. Cada uma delas tem propriedades terapêuticas e, juntas, elas diminuem o estresse e a elevam o ânimo.

+ ¼ xícara de gengibre fresco, picado
+ ½ xícara de hortelã fresca
+ 1 pepino fatiado
+ 1 limão grande, fatiado

Chá dos elementos

Esta é a poção que eu uso para ficar mais ancorada e centrada. As correspondências com cada elemento foram retiradas da *Cunningham's Encyclopedia of Magical Herbs*.

+ ¼ xícara de lavanda (Ar)
+ ½ xícara de alecrim (Fogo)
+ ¼ xícara de raspas de limão (Água)

Adicione o chá à água do banho com ½ xícara ou mais de sal grosso (Terra). Eu também uso esta mistura quando quero fazer uma limpeza energética na casa, reduzindo o sal para apenas uma pitada ou duas dissolvidas diretamente no chá.

Chás para propósitos variados

A seguir apresento chás de ervas que não são para consumo, mas como sou uma bruxa que pratica a magia de cozinha, incluí principalmente ervas comestíveis. O céu é o limite quando se trata dessas preparações – use uma erva apenas ou combine várias para conseguir as correspondências mágicas que deseja. A quantidade de cada erva também depende de você. Eu vou apresentar apenas a receita (que você pode dobrar ou triplicar) e você pode adaptá-la para fazer uma única xícara ou um banho, de acordo com as instruções anteriores ou simplesmente usando seu próprio julgamento.

Chá do Sol e Chá da Lua

Muitas pessoas bebem o Chá do Sol, mas isso não é recomendado, pois a água de um Chá do Sol não fica quente o suficiente para matar as bactérias que podem estar presentes na água. No entanto, você ainda pode fazer esse chá para usá-lo para qualquer finalidade que não seja o consumo. Coloque as ervas num recipiente de vidro tampado e deixe-as ao sol por três horas ou mais. Os raios do Sol vão imbuir o chá com vibrações masculinas, expansivas, alegres e energizantes. O Chá do Sol é mais eficaz quando usado durante o dia, num feriado solar (sabá), ou durante a primeira metade do ano.

O Chá da Lua é feito exatamente como o Chá do Sol, exceto pelo fato de que ele deve ser deixado ao ar livre durante a noite por pelo menos nove horas, num lugar onde os raios da Lua incidam sobre ele em algum momento durante esse período. Seu Chá da Lua vai absorver qualidades femininas, introspectivas, intuitivas e relaxantes. O Chá da Lua funciona melhor durante a noite, num feriado lunar (esbat), ou durante a última metade do ano.

Tanto o Chá do Sol quanto o Chá da Lua têm muitas aplicações, dependendo de como você os energiza. São perfeitos para banhos ou feitiços e rituais com foco solar ou lunar. Eu gosto de usá-los em limpezas energéticas da casa – adicione-as ao seu material de limpeza do dia a dia para lhes conferir um impulso mágico ou use-os para limpar energeticamente o seu altar, seus instrumentos rituais, cristais e assim por diante.

Água purificadora ou benta

Nem todo mundo pode ou quer queimar incenso ou sálvia num ambiente, para purificá-lo de energias deletérias. Em vez disso, você pode borrifar este chá para dissipar a negatividade. Ele tem um aroma ligeiramente medicinal, que suaviza com o tempo, mas você também pode diluí-lo ainda mais ou adicionar óleo essencial se achar o aroma muito forte.

Para esta mistura, guardo e desidrato agulhas perenes das minhas árvores de Yule. Mas cuidado. Algumas sempre-vivas são venenosas. Não use esse chá na pele!

- ½ xícara de água
- ¼ colher de chá de estragão ou endro
- ½ colher de chá de raspas de limão
- ½ colher de chá de agulhas das perfumadas árvores perenes, como o pinheiro ou o eucalipto
- 1 folha de louro
- 3 cravos inteiros, partidos
- 1 pitada de sal marinho

Coe o chá num filtro de café e, em seguida, transfira para um borrifador ou use um raminho de erva como o aspergilo ou o alecrim para aspergir o chá no ambiente.

Poção de ervas de adivinhação

Ervas "exóticas" como o anis-estrelado e o absinto funcionam bem neste chá.

- ✦ 1 xícara de água
- ✦ ¼ colher de chá de tomilho
- ✦ 2 colheres de sopa de casca de maçã fresca, picada
- ✦ 1 pau de canela, partido em pedaços
- ✦ 1 colher de sopa de licor de absinto (disponível em minigarrafas se você não quiser comprar uma garrafa normal.)

Coe bem o chá e adicione o absinto. O aroma do chá vai desaparecer à medida que o chá esfriar. Use este chá para lavar seu espelho mágico ou para encher sua tigela de escriação. Você também pode usá-lo para borrifar seu tarô, seu pêndulo ou outros instrumentos de adivinhação.

Leitura de folhas de chá

Embora as leituras sejam geralmente realizadas com folhas do chá-da-índia (*tea plant*), você também pode tentar fazer isso com o chá de ervas de folhas soltas. Essa forma de adivinhação, chamada tasseografia, é um dos métodos mais fáceis de adivinhação praticados hoje em dia. A forma moderna mais usada na cultura ocidental remonta à Europa do século XVII (época em que o chá foi disponibilizado pela primeira vez), mas a prática provavelmente começou há milhares de anos, na China, país de onde se originou o chá. Existem dezenas de livros e outros recursos disponíveis se você estiver interessado nesse assunto. Veja as sugestões e livros abaixo e você talvez possa consultá-los com uma boa xícara do seu chá favorito na mão!

Livros Sugeridos sobre Ervas

Guia Completo de Fitoterapia, Anne Macyntire, Editora Pensamento.

O Guia Completo das Plantas Medicinais, David Hoffman, Editora Pensamento.

O Livro Completo de Bruxaria de Raymond Buckland, Raymond Buckland, Editora Pensamento.

– Extraído de "Herbal Tea Magic", Autumn Damiana, *Llewellyn's 2021 Magical Almanac*.

A Magia dos Painéis Visionários

O painel visionário é uma técnica de visualização que nos ajuda a atrair para a nossa vida certas qualidades, traços de personalidade, experiências e manifestações. Ele também pode ser chamado de mural ou quadro dos sonhos, quadro de visualização, mural de inspiração, tanto faz. Basicamente, trata-se de um lugar onde você pode reunir imagens, fotos, símbolos e afirmações que o ajudem a avançar rumo à conquista de metas, sonhos e qualidades. Para algumas pessoas, esses painéis são meros cartazes com mensagens positivas. Para outras, são quase obras de arte, feitas com capricho, fé e crença no próprio poder de realização e na magia da vida. Alguns preferem simplesmente se concentrar em símbolos, enquanto outros preferem criar um painel que combine imagens, símbolos e afirmações. Quando usado diariamente como ponto focal, acredita-se que os painéis visionários ajudem a mente e o espírito a se alinharem em suas energias e intenções, moldando assim a sua própria experiência de vida.

Escolha de cores e símbolos adequados

Eu sei muito bem como é fácil, no nosso dia a dia cheio de compromissos, adiar "pequenas coisas" como construir um painel visionário, mas o fato é que, muitas vezes, são justamente essas coisas aparentemente pequenas que podem levar magia para a nossa vida! O painel visionário sem dúvida vai fazer você constatar o quanto a vida é mágica, pois ele prova como é poderoso o seu poder de manifestação quando você está disposto a usá-lo a seu favor.

Para começar, decida se quer criar o painel numa cartolina, numa placa de cortiça, atrás da porta do seu quarto ou mesmo no computador. Planeje o tamanho do seu painel de acordo com o espaço que tem. O importante é que ele fique num lugar que você possa vê-lo todos os dias. Saiba também que às vezes o painel "pensa por si mesmo", fazendo que coisas novas lhe ocorram assim que você começa a trabalhar nele com comprometimento. Quando começar a criar o seu painel visionário, considere quantas fotos, frases, símbolos e outros itens você deseja incluir para calcular o seu tamanho.

Você pode desenhar símbolos em seu painel – contanto que estejam alinhados com as suas intenções –, como pentagramas, hexagramas, cifrões, corações, flores, rostos sorridentes e qualquer outra coisa significativa para você. Se está interessado em encontrar um parceiro para um relacionamento duradouro, pode acrescentar símbolos como alianças, corações entrelaçados etc. Você também pode incluir sigilos, ou seja, símbolos mágicos que você mesmo cria usando um determinado método e que representam manifestações específicas num formato abstrato. Austin Osman Spare, um ocultista do início do século XX, popularizou o uso de sigilos pessoais no trabalho mágico. Os praticantes de magia dos dias de hoje utilizam sigilos em conjunto com outras formas de bruxaria ou magia cerimonial.

Embora os painéis visionários costumem abarcar vários aspectos da vida, por exemplo uma viagem, o emprego dos seus sonhos e um relacionamento romântico harmonioso, ou pode ser focado num objetivo em particular. Nada o impede também de fazer um painel para usar como um feitiço. Nesse caso, o próprio painel é o feitiço. Por exemplo, se quer aumentar a prosperidade na sua vida, faça um painel com tudo o que deseja conquistar nesse aspecto da sua vida e, enquanto elabora o painel, cola as imagens, escreve as afirmações e desenha os símbolos, mentalize que você já está conjurando tudo isso para a sua vida por meio da magia. Elabore alguns versos que condensem aquilo que quer atrair para a sua vida e os repita enquanto constrói seu painel. Você pode até recorrer ao Cómando da Prosperidade que muitos têm usado nas redes sociais para ativar o próprio poder de manifestação: "Tudo o que que quero eu tenho/ Tudo o que eu quero vem pra mim/Mereço e atraio tudo o que eu quero/Sou grato ao universo por ser assim!"

Ao escolher as cores para o seu painel, incluindo o material com que fará a base e a cor das canetas e lápis, é aconselhável ter em mente alguns dos métodos metafísicos mais comuns com relação às associações das cores: rosa e vermelho para o amor, azul para paz e inspiração espiritual, verde para a cura, amarelo para prosperidade, preto e branco para qualquer finalidade... você sabe o que fazer! Se você estuda ou pratica o misticismo ocidental, também pode levar em consideração as cores relacionadas aos sete chakras principais do corpo humano, conforme os antigos textos védicos e yogues.

> **Um toque de magia**
>
> Os painéis visionários são instrumentos metafísicos poderosos que podem ajudar pessoas de qualquer religião ou caminho espiritual. Quando utilizamos nosso conhecimento de magia, esses painéis tornam-se peças com o poder mágico de manifestar os nossos desejos.

Como escolher imagens e recursos visuais

É aqui que as coisas se tornam um pouco mais complexas e precisamos usar nossa intuição e nosso conhecimento de magia e psicologia, para determinar quais tipos de imagens usar em nossos painéis, se optarmos por usá-las.

A tendência atualmente é criar painéis visionários que sejam colagens baseadas principalmente em imagens, como um Pinterest da vida real. A ideia é recortar e colar imagens inspiradoras de revistas ou imprimir fotos *on-line* e afixá-las no painel para que elas nos inspirem todos os dias. Normalmente, são usadas fotos de pessoas felizes, paisagens bonitas, corpos em forma, carros sofisticados e outras coisas do tipo. Mas, como eu disse, é aqui que as coisas ficam mais complicadas no sentido mágico.

Se recortarmos e colarmos fotos mostrando a felicidade de outras pessoas, será que isso vai realmente ser inspirador para nós? Ou poderia criar inveja em vez disso? Preciso perguntar a mim mesma: a imagem de duas pessoas apaixonadas sorrindo *me* faz acreditar que também mereço um relacionamento amoroso feliz e *me* inspira a manifestar o mesmo ou só *me* leva a sentir minha energia de inveja e de desmerecimento pessoal? Eu acredito que a segunda opção seja a mais verdadeira, por isso os meus próprios painéis exibem uma quantidade muito limitada de imagens reais (todas são desenhos) e não têm nenhum recorte de revista.

Por essa razão, acho que esboçar ou desenhar as imagens de um painel visionário é muito mais eficaz. Assim, as imagens de pessoas, lugares, grandes pilhas de dinheiro virão da mente e da mão do próprio criador do painel. Isso, na minha opinião, é muito mais mágico do que apelar para imagens externas que representem os objetivos almejados.

Além disso, para pessoas como nós, que têm uma mente mais esotérica, fotos ou recortes de representações de deuses ou divindades e símbolos podem ser muito mais significativos e nos conectar de forma mais eficaz com nosso poder mágico e de manifestação. Deuses e anjos, por exemplo, não existem na dimensão humana. É por isso que conectar suas imagens com um painel visionário pode ser mais estimulante, pois eles são personificações da energia divina. Essas imagens também podem fortalecer a nossa devoção pela divindade da nossa preferência e estimular a nossa fé. É claro que tudo depende da intuição, da fé e da criatividade do praticante...

Como escolher ervas, pedras e os componentes dos feitiços

Se você tem uma pequena coleção de "objetos de poder" que encontrou na natureza ou ganhou de presente, esta pode ser a oportunidade ideal para você utilizar esses itens. É fácil reunir uma pequena coleção de pedras, amuletos, penas, conchas e outros itens especiais porque os praticantes de magia e os místicos sabem reconhecer um objeto poderoso quando o veem. Em vez de deixar essas coisas se acumularem numa bolsa, gaveta ou caixa, ou mesmo deixar que fiquem sobre o seu altar, considere a possibilidade de afixar alguns deles no seu painel visionário mágico.

Alguns itens que posso sugerir que você afixe no seu painel, se sentir vontade de fazer isso, são penas, folhas, incensos, objetos encontrados, pedras preciosas, amuletos de metal, incenso em forma de resina (sangue de dragão, copal, olíbano etc.) e ervas desidratadas. Certifique-se de considerar a propriedade metafísica de qualquer objeto que você inclua ao seu painel.

Uma maneira fácil de colar itens no painel é usar uma pistola de cola quente, embora qualquer método confiável de fixação sirva. Quando você afixar o objeto, inclua sua própria afirmação ou encantamento. Faço disso um ato intencional. A magia segue a intenção. E mais importante, saiba que você está realizando um importante trabalho mágico para ajudar a melhorar a sua vida. E melhorando sua vida você ajuda a melhorar a vida de todos à sua volta.

A melhor época e estado de espírito para criar o seu painel

É essencial que você esteja num estado de espírito positivo e otimista quando criar ou energizar ritualmente o seu painel visionário – ou *qualquer* ato criativo de manifestação mágica. A mesma energia que irradiamos é a que volta para nós. Embora seja aconselhável se voltar para os deuses durante os tempos de estresse, o trabalho de manifestação positiva precisa ser realizado quando nos sentimentos capazes de investir nosso próprio poder pessoal de criação ao trabalho em questão.

Você também pode levar em conta a Astrologia e procurar saber quais as posições do Sol ou da Lua mais favoráveis ou desfavoráveis (como as Luas Fora de Curso, por exemplo) para o seu trabalho mágico. Os regentes planetários de cada dia da semana também podem ser levados em consideração. (Obs. Você encontra informações sobre os assuntos relacionados a cada dia da semana na seção Dias da Semana, planetas, divindades e objetos simbólicos, da p. 5 deste Almanaque)

Depois de finalizar seu painel como gostaria e realizar sua própria magia pessoal para encantar a peça como um feitiço vivo, considere onde vai afixá-lo. Pessoalmente, não gosto de mostrar o meu painel para outras pessoas, pois acredito que, mantendo-o em segredo, eu o mantenho seguro, não dispersando a energia que ele concentra. Eu escolhi grampear meu painel no teto, bem em cima da minha cama, para que seja a primeira coisa que eu vejo ao abrir os olhos pela manhã. Descobri que esse método é muito eficaz para mim.

Seja qual for o lugar que você escolher para colocar o seu painel, siga sua intuição, certifique-se de que ele seja uma reflexão diária e acredite em si mesmo. Você é a magia. Você é o poder.

– Extraído de "Vision Boards as Magickal Spells",
Raven Digitalis, *Llewellyn's 2021 Magical Almanac*.

Poção Mágica contra Resfriados

Aqui está uma receita excelente para as ocasiões em que você sentir um resfriado chegando e quiser cortá-lo pela raiz. Mesmo quando estou sentindo-me esgotada, esta receita dá ânimo para continuar em frente. Você vai precisar de:

- 1 colher de sopa de bagas de sabugueiro desidratadas (*Sambucus nigra*)
- 1 litro de água
- 1 colher de sopa de hibisco desidratado
- 2 colheres de chá de hortelã desidratado
- 2 colheres de chá de alecrim desidratado
- 1 pitada de cravo moído
- 1 pitada de canela em pó
- 1 colher de chá de gengibre fresco ralado
- Mel (opcional)

Coloque as bagas de sabugueiro no pilão e triture-as para que se abram. Passe-as para uma panela ou caldeirão e adicione a água. Leve para ferver no fogo alto. Quando a mistura ferver, adicione os hibiscos, a hortelã, o alecrim, o cravo e a canela, infundindo nas ervas sua intenção de ter uma ótima saúde. Mexendo a mistura com uma colher de pau no sentido anti-horário, energize os ingredientes para que adquiram a propriedade de combater doenças. Enquanto a mistura estiver fervendo, acrescente o gengibre ralado. Deixe no fogo por cerca de 1 a 2 minutos. Adicione as ervas restantes e retire a panela do fogo.

Deixe a poção em infusão com a panela tampada por 5 a 6 minutos. Coe a mistura, que deve estar com uma cor avermelhada. Despeje o chá numa xícara e adicione mel se desejar. Inspire o aroma doce e picante da poção. Enquanto bebe, sinta o calor se espalhar pelo seu corpo, afugentando o resfriado, e imagine uma luz verde terapêutica irradiando do alto e envolvendo seu corpo com vibrações de saúde e harmonia.

Esta mistura pode ser armazenada na geladeira por 2 a 3 dias. Você pode adicionar raspas de laranja enquanto o chá está fervendo, se desejar. No entanto, não é aconselhável adicionar frutas cítricas a um caldeirão de ferro fundido. Ao armazenar poções, é sempre bom rotular o recipiente para que ninguém as beba por engano ou, se você for como eu, que faz poções com frequência, para que não se esqueça qual é o conteúdo de cada frasco.

– Extraído de "Cauldron Magick: Potions, Brews, and Fires", Walter J. Carey II, *Llewellyn's 2021 Magical Almanac*.

Esmalte Mágico!

Aprenda a combinar a magia das cores com a magia dos cristais

Os elixires de cristais se tornaram uma tendência nos últimos anos. Estou me referindo à técnica de energizar a água com cristais, para que ela absorva as vibrações metafísicas da pedra e possa ser usada para a cura física e emocional. Essa água pode ser ingerida ou usada de alguma outra forma, para manifestar os resultados desejados.

Pouco tempo atrás, encontrei um anúncio de uma água engarrafada que já vinha com um cristal dentro da garrafa! Isso facilitaria muito o consumo de água energizada com cristais. Mas, embora o produto fosse muito bonito, era também muito caro, então não comprei. Porém, isso me deu algumas ideias!

Comecei a me perguntar o que mais eu poderia infundir com cristais para usar na minha prática de magia, mas sem gastar muito. Eu realmente gosto da ideia de infundir secretamente itens do dia a dia com poderes mágicos, e gosto de confeccionar esses itens manualmente, se possível.

Uma coisa que me veio à mente foi o esmalte de unha. Por que não energizá-lo com cristais? A partir daí comecei a pensar em todas as belas cores e acabamentos que estão disponíveis no mercado e percebi que eu poderia combinar a magia dos cristais com a magia das cores! Comecei a pensar em todos os usos do esmalte de unha, que certamente não serve apenas para colorir os dedos das mãos e dos pés. Ele pode ser usado como tinta para escrever feitiços, encantamentos ou amuletos, em rituais, e podemos escolher os cristais que vamos colocar dentro do frasco de esmalte de acordo com o propósito da nossa magia ou ritual.

O esmalte de unha nem sempre foi só um produto de beleza

Ele foi inventado na China há cerca de 5 mil anos. Na época, era feito de materiais naturais e corantes encontrados na natureza. Os membros da realeza foram os primeiros a usar esmalte nas cores ouro e prata, para mostrar seu *status* social. Apenas a classe alta tinha permissão para pintar as unhas com essas cores, e, se uma pessoa comum as usasse, poderia ser punida com a morte. Portanto, embora pareça que o esmalte seja apenas um produto de beleza, saiba que ele também já foi um meio de mostrar a posição da pessoa dentro da sociedade.

Por volta de 3500 a.C., os antigos egípcios também coloriam as unhas e a ponta dos dedos, normalmente usando henna, com o mesmo propósito. Pessoas de *status* mais elevado usavam cores escuras e intensas, enquanto as demais só tinham permissão para usar tons claros. Cleópatra, por exemplo, gostava de usar henna vermelho-escura. Enquanto a rainha Nefertiti gostava de um tom de vermelho mais vibrante. No século XIX, óleos perfumados foram adicionados ao pigmento vermelho e aplicados nas unhas para embelezar as mãos. Esse pigmento costumava ser feito com flores e frutos silvestres.

Como se vê, adornar as unhas dos pés e das mãos é um costume muito antigo. Ainda hoje você pode descobrir muito sobre uma pessoa observando as cores que ela usa, seus adereços e o cuidado que dispensa às unhas. Por exemplo, unhas postiças geralmente indicam alguém que não trabalha com as mãos, pois um artesão ou cozinheira, por exemplo, precisam ter unhas curtas para executar seu trabalho com mais destreza ou higiene. Algumas pessoas gostam de unhas bem aparadas, enquanto outras preferem que elas pareçam garras afiadas. Muita da minha autoexpressão se traduz pelo jeito como eu trato e decoro as minhas unhas, e elas certamente enviam ao mundo uma mensagem sobre quem eu sou.

Como escolher seu esmalte

Antes de criar seu esmalte mágico com cristais, saiba que existem alguns fatores que é preciso levar em consideração. A maioria dos esmaltes de unha contém produtos químicos, mas normalmente eles são seguros depois que secam. No entanto, se você prefere não colocar produtos químicos em seu corpo, existe a opção de pintar as unhas com henna. Essa aplicação é explicada mais adiante neste artigo. Existem também algumas marcas menos tóxicas de esmalte para unhas, embora você possa ter que pesquisar um pouco para encontrá-las.

Quando se trata de escolher as cores e as texturas do seu esmalte, existem inúmeras opções hoje em dia. A cor é um aspecto importante de todos os tipos de magia, por isso é preciso escolhê-la com base em vários fatores. Para quem não gosta de esmalte colorido, sempre há a opção de usar o esmalte incolor, que é quase invisível quando seco. Você pode infundir esse esmalte multiuso com cristais, da mesma forma que faria com os esmaltes coloridos.

Aqui estão algumas ideias gerais para você escolher uma tonalidade:

Verde: crescimento, dinheiro
Marrom/Ferrugem/Cobre: estabilidade
Ouro: ganhos materiais, poder
Amarelo: alegria, calor
Laranja: sucesso, paixão, mudança
Vermelho: atração sexual
Preto: proteção
Azul: comunicação
Roxo: habilidade psíquica
Prata: poder mágico
Rosa: amor, amizade
Cinza: trabalho com a sua sombra, banimento

Além de colorido, o esmalte também pode ser cremoso, metálico, fosco, cintilante, perolado e até holográfico. Leve isso em consideração quando selecionar suas cores. Para mim, um tom iridescente, ou seja, que parece mudar de cor, cria uma ilusão ou glamour maior do que um esmalte fosco, ao passo que esmaltes cintilantes ou com purpurina também podem simbolizar a magia. Os tons escuros e brilhantes me parecem mais adequados para dias de introspecção e magias de banimento, mas as cores intensas e vibrantes têm uma vibração alta, que chama a atenção e nos deixam cheios de sensualidade e energia. Isso é pessoal, é claro – o que mais importa é como você se sente quando olha para a cor.

Faça sua própria cor natural para passar nas unhas

Se você tem dons artísticos ou quer evitar os produtos químicos dos esmaltes comerciais, pode pintar as unhas com henna. Adicione cristais a ela, assim como faria com qualquer esmalte comprado em perfumarias. Lembre-se de que a henna fica impregnada nas unhas e não sai com a facilidade do esmalte. Ela *não* desaparece das unhas com o tempo, por isso você vai ter que esperar a unha crescer para que ela saia totalmente. Antes de começar a tingir as unhas com henna, lembre-se de remover delas qualquer tipo de base, sujeira ou creme.

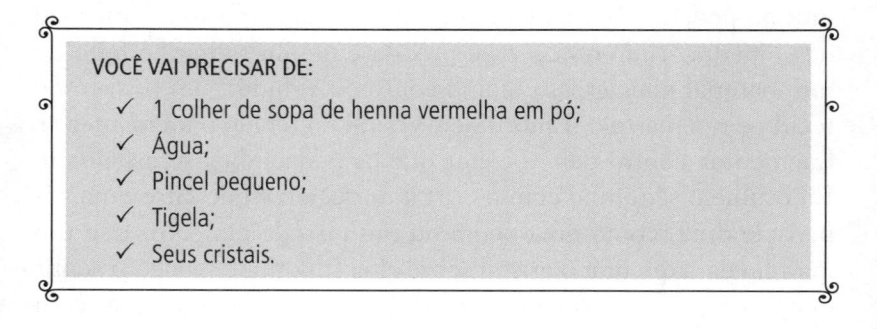

VOCÊ VAI PRECISAR DE:
- 1 colher de sopa de henna vermelha em pó;
- Água;
- Pincel pequeno;
- Tigela;
- Seus cristais.

Coloque o pó de henna na tigela. Aos poucos, vá adicionando água, mexendo com uma colher, até que ela fique com a consistência de uma pasta lisa e espessa. Ela não deve ficar líquida, mas sim pastosa. Depois coloque seus cristais na tigela, visualizando sua intenção. Usando o pincel, pinte cuidadosamente as unhas das mãos e dos pés com uma espessa camada de henna. Deixe a henna descansar por pelo menos uma hora e depois retire o excesso. Isso vai deixar as unhas com um tom alaranjado. Se preferir tons mais escuros e terrosos, terá de aplicar várias camadas de henna.

Como escolher seus cristais

Antes de decidir quais cristais incluir no seu esmalte, lembre-se de que eles devem ser pequenos o bastante para caber dentro de um frasco de esmalte. Quando se trata de cristais, o tamanho realmente não importa, pois seja uma drusa ou um pequeno fragmento, as propriedades e atributos de um cristal não mudam. E você pode usar lascas de qualquer cristal, o que deixa muito espaço para usar sua criatividade.

As lascas de cristal, muitas vezes chamadas de *chips*, podem ser encontradas em lojas de pedras, de artesanato ou esotéricas, normalmente para uso em confecção de mosaicos e joias. Você notará que essas minúsculas lascas de cristal não parecem ter sido trituradas, mas lembram uma espécie de cascalho. Mas, se você já tem um cristal em casa e gostaria de usá-lo no seu esmalte, você mesmo pode quebrá-lo, contanto que esteja disposto a abrir mão dessa pedra. Tudo o que você precisa é de um saquinho feito de um material mais grosso (como couro ou veludo), um pedaço de tecido e um martelo. Embrulhe o cristal no tecido para manter os fragmentos dentro dele e evitar que os pedacinhos se espalhem. Embrulhe o saquinho com o cristal no tecido e encontre uma superfície dura, como uma pedra ou um piso de cimento. Use um martelo para quebrar o cristal sobre essa superfície. Você vai sentir quando a pedra se fragmentar. Muitos cristais se quebram com facilidade, mas alguns podem ser mais resistentes e exigir um pouco mais de força. Depois de quebrar o cristal, desdobre cuidadosamente o tecido e guarde as peças de cristal num recipiente pequeno ou deixe-as no próprio saquinho. Você terá assim fragmentos de vários tamanhos e às vezes até um pó. Selecione um pedacinho que seja pequeno o bastante para passar pela boca do frasco e o seu esmalte de cristal estará pronto para uso.

Significados dos cristais

Aqui está uma breve lista de cristais comuns e suas associações. Você pode usar as receitas apresentadas aqui ou inventar suas próprias combinações personalizadas, usando os cristais que já tem em casa.

Ágata: proteção e praticidade
Amazonita: criatividade e elevação dos pensamentos
Ametista: intuição e autocontrole
Citrino: raciocínio aguçado e alegria
Cornalina: Paixão, sucesso e realização de sonhos
Lápis-lazúli: sabedoria espiritual
Obsidiana floco de neve: alivia traumas e emoções fortes
Olho-de-tigre: coragem, verdade e integridade
Peridoto: combate a inveja
Quartzo rosa: amor, amizade, amor próprio e gentileza
Quartzo transparente: poder amplificador, purifica e espiritualidade
Selenita: confere poder lunar e intuição
Sodalita: melhora a comunicação
Turquesa: absorve e transforma a energia negativa
Unakita: conexão com espíritos e animais elementais da terra

Como limpar os cristais

Você pode ter ouvido falar que é preciso "limpar" e "carregar" os cristais. Essa é uma maneira de eliminar qualquer energia acumulada e indesejada dos cristais para purificá-los, fortalecendo suas propriedades energéticas. Por exemplo, acredita-se que a turquesa absorva a energia negativa e precise ser purificada antes e depois de ser usada com esse propósito. Existem várias maneiras de se fazer isso. Quando você elimina as energias que as pedras absorveram, elas podem transmitir suas próprias vibrações com mais força. Antes de criar seu esmalte mágico, certifique-se de limpar os cristais de uma das seguintes maneiras:

- Coloque os cristais ao ar livre ou no parapeito de uma janela durante uma noite de Lua cheia, para que possam receber a luz do luar.
- Coloque os cristais sob luz solar intensa por algumas horas.
- Coloque os cristais na água corrente e, em seguida, deixe-os secar (faça isso apenas com cristais que não sejam porosos).
- Passe os cristais pela fumaça de um incenso.

Receitas de esmaltes mágicos

Todas as receitas a seguir servem para você energizar seus esmaltes, mas você também encontrará sugestões criativas sobre como usar seus esmaltes mágicos de outras maneiras.

Esmalte de proteção

- Turmalina negra
- Ônix preto
- Esmalte preto
- 3 colheres de sopa de alecrim desidratado

Depois de colocar os cristais dentro do frasco de esmalte, coloque o frasco dentro um círculo de folhas de alecrim. Deixe-o lá durante a noite para absorver a energia protetora dessa erva. Use esse esmalte quando estiver em situações em que sente a necessidade de uma proteção extra.

Usos alternativos:
- Pinte a parte superior da chave de sua casa (não a parte que entra na fechadura) para ter proteção contra invasões.
- Pinte um pedacinho da lataria do seu carro sob a maçaneta da porta ou em algum lugar no interior do porta-malas.

- Pinte um sigilo de proteção numa pedra e use-a como um peso para prender porta ou decoração da varanda.

- Pinte um símbolo protetor na sola dos seus sapatos (um pentagrama, por exemplo) para oferecer proteção onde quer que você vá.

Esmalte solar

- Cartolina preta
- Cornalina
- Citrino
- Esmalte de unha brilhante cor-de-laranja ou amarelo

Coloque a cartolina preta na luz solar direta até que ela fique quente. A cor preta absorve o calor do sol. Adicione os cristais ao frasco de esmalte e, em seguida, coloque-o fechado sobre a cartolina, Deixe-o ali por várias horas até absorver os raios solares. Use esse esmalte quando quiser brilhar e promover o crescimento de tudo que você tocar.

Usos alternativos:

- Use o esmalte para desenhar um sol numa madeira ou pedra e coloque-a no seu jardim para atrair as bênçãos do Sol para suas plantas.

- Use o esmalte para desenhar um sol numa folha de papel e pendure-a num lugar à vista de todos, para alegrar o ambiente.

- Faça desenhos com esse esmalte nos vasos de suas plantas para incentivar seu crescimento saudável.

Esmalte Caminho da Bruxa

- ✦ Quartzo
- ✦ Lápis-lazúli
- ✦ Esmalte prateado
- ✦ Papel e lápis
- ✦ Itens que simbolizem os quatro elementos

Numa noite de Lua cheia, acrescente os cristais ao esmalte. Desenhe um pentagrama na folha de papel e coloque o frasco de esmalte no centro. Em volta coloque os objetos que simbolizam os elementos. Por exemplo, uma pedra no Norte (Terra), uma tigela de água no Oeste (Água), uma vela no Sul (Fogo) e uma pena no Leste (Ar). Deixe os objetos nesse lugar durante a noite. Use esse esmalte na unha, quando tiver feitiços importantes para lançar, ou quando estiver aprendendo sobre a Arte da Magia.

Usos alternativos:

- ✦ Pinte um pentagrama na sola dos sapatos para encontrar mais facilmente seu caminho na prática da Arte.
- ✦ Pinte um pentagrama numa folha de papel e coloque-a dentro do seu diário ou de livros importantes para você.
- ✦ Use-o para decorar varinhas caseiras ou outros instrumentos da sua prática de magia.
- ✦ Pinte sigilos ou pentagramas no seu Grimório, o caderno em que você registra seus trabalhos de magia.

Esmalte da Realeza

Uma das minhas cores favoritas de esmalte é o dourado. Quando pinto minhas unhas de dourado, imagino que sou uma rainha cujos dedos dos pés e das mãos são adornados com o mais puro ouro em pó. A receita a seguir fará com que seu esmalte dourado a deixe ainda mais empoderada e próspera.

+ Olho-de-tigre
+ Lápis-lazúli
+ Esmalte dourado

Adicione os cristais ao frasco e coloque-o no local onde você guarda suas joias ou outros símbolos de *status* (bijuterias também valem). Quando usar essa cor nos dedos das mãos e dos pés, imagine que o esmalte é feito de ouro em pó. Enquanto pinta as unhas, imagine-se como uma rainha de verdade. Esse esmalte é excelente para você usar quando precisa de um lembrete do seu próprio valor como pessoa e do quanto é importante e poderosa.

Usos alternativos:
+ Pinte um palito de fósforo, um pêndulo ou uma conta de cerâmica, resina ou vidro e carregue esse objeto como um amuleto.
+ Pinte a imagem de uma coroa num pedaço de papel e carregue-o na carteira.

Esmalte lunar

- Esmalte de unha branco ou prateado
- Selenita
- Pedra-da-lua
- Quartzo

Adicione os cristais ao esmalte e coloque-o sob a luz da Lua cheia, ao ar livre ou no parapeito de uma janela. Deixe-o ali durante a noite para absorver os raios lunares. Aplique-o quando precisar aguçar sua intuição, para lançar um feitiço numa época em que a fase da Lua não corresponda ao propósito do seu trabalho de magia ou quando estiver aprendendo sobre os mistérios da Lua.

Usos alternativos

- Pinte o desenho de uma Lua crescente numa pedra lisa e redonda e deixe-a no seu altar para simbolizar a Lua.
- Use esse esmalte para pintar imagens lunares ou de uma deusa lunar.

Esmalte da Prosperidade
- Esmalte verde ou dourado
- Pirita
- Esmeralda
- Moedas

Durante a Lua crescente, acrescente os cristais ao esmalte e coloque o frasco no centro de um círculo de moedas. Deixe-o ali por três dias e depois use esse esmalte enquanto trabalha, para atrair mais dinheiro.

Usos alternativos:
- Pinte uma moeda e carregue-a com você para atrair prosperidade.
- Pinte um cifrão numa etiqueta adesiva e cole-a no seu local de trabalho para atrair dinheiro.

Esmalte suavizante
- Esmalte branco, bege ou rosa-claro
- Quartzo rosa
- Pedra-da-lua
- Pétalas de flores frescas

Acrescente os cristais ao frasco de esmalte e deixe-o dentro de um círculo de pétalas de flores até as pétalas começarem a murchar. Este esmalte pode ser usado quando você precisar ter uma conversa sobre um assunto delicado com outra pessoa. É ótimo para situações que exigem uma abordagem diplomática ou a cura de pessoas ou animais com um comportamento agressivo.

— Extraído de "Magickal Nail Polish: Combining Color and Crystal Magick", Kate Freuler, *Llewellyn's 2021 Magical Almanac*.

As Correspondências das Cores

A magia das cores usa vários matizes para influenciar a energia. As cores podem atrair ou repelir, fortalecer ou enfraquecer. Elas expressam pensamentos e sentimentos que as palavras às vezes não traduzem com precisão. Escolhemos as cores das nossas roupas, dos nossos acessórios, da decoração da nossa casa para criar certos efeitos. Na magia, usamos toalhas de altar, velas, pedras preciosas, tigelas e outros utensílios de altar para canalizar essa energia. Os livros de colorir ajudam as pessoas a relaxar. As correspondências cromáticas podem variar de uma cultura para outra. As culturas ocidentais associam o branco à vida e o preto à morte; as culturas orientais tendem a inverter esses significados. As correspondências baseiam-se em interpretações. O vermelho é a cor do sangue, que pode sugerir vitalidade ou perigo, dependendo de como você vê isso. Portanto, não há um significado "certo" ou "errado". Use as associações cromáticas que fazem sentido para você.

Castanho: Anciã, drama, respeito, sensualidade
Carmesim: Determinação, raiva justificada, sobrevivência
Escarlate: Ação, sexualidade feminina, vitalidade
Vermelho: Fogo, força, perigo
Laranja: Criatividade, vício, oportunidade
Dourado: Deus, Sol, justiça

Topázio: Sexualidade masculina, memória, efeitos rápidos
Amarelo: Ar, alegria, charme
Verde-limão: Crescimento, velocidade, frustração
Verde: Inveja, dinheiro, saúde
Verde-escuro: Aceitação, abundância, lar feliz
Turquesa: Equilíbrio entre vida profissional e pessoal, culpa, receptividade
Azul: Água, verdade, família
Índigo: Vontade, espírito, mediunidade
Roxo: Sabedoria, emoções, poder
Lilás: Conhecimento, intuição, adivinhação
Violeta: Calma, gratidão, tensão
Coral: Mãe, carinho, energia emocional
Rosa: Amor, compaixão, parceria
Fúcsia: Combate a depressão, autodireção, autovalorização
Rosa: Donzela, romance, amizade
Marrom: Terra, estabilidade, memória
Camurça: construção, comida, vida passada
Preto: Lua Negra, defesa, aterramento
Cinza: Equilíbrio, solidão, descanso
Prateado: Deusa, Lua, sonhos
Branco: Lua Crescente, pureza, paz
Marfim: Lua cheia, luxo, magia animal

— Extraído de "Color Correspondences", Llewellyn's 2021 Magical Almanac.

Encantamento para a Saúde

A doença surge quando há um acúmulo de energia em alguma região do corpo. Este encantamento é projetado para fazer esse excesso de energia ir para onde ele possa ser usado em seu benefício. Embora você possa conseguir sanar seus desequilíbrios no nível energético, é importante lembrar que o corpo físico pode levar muito tempo para se curar. Também é preciso reconhecer que os pensamentos positivos podem ser tão poderosos quanto qualquer remédio. Por fim, lembre-se de que não é sensato criar muitas expectativas com relação aos resultados. Faça a sua parte e deixe o universo fazer o resto.

Se você quiser fazer o encantamento de cura para outra pessoa, peça a permissão dela.

> **VOCÊ VAI PRECISAR DE:**
> - Uma folha de papel com o contorno de um corpo desenhado;
> - O nome ou a assinatura e uma mecha de cabelo ou unha da pessoa que você deseja curar;
> - Uma seleção de 6 a 10 pequenas pedras diferentes;
> - Incenso;
> - Um punhado de sal refinado, sal-gema ou sal marinho.

Primeiro, crie um espaço que represente a pessoa que você quer ajudar. Para isso, desenhe o contorno de um corpo ou uma forma oval simples numa folha de papel. Esse desenho representará tanto a forma física dela quanto o campo áurico que a circunda. Se você tiver uma mecha de cabelo, a assinatura ou fotografia da pessoa, coloque-a sobre a sua representação e escreva o nome dela embaixo. Reserve um minuto para contemplar a representação e pensar sobre a pessoa e sua situação. Em seguida, posicione cuidadosamente suas pedras e diga:

> Vocês, pedras, que são os ossos
>
> de todas as coisas
>
> em todos os lugares
>
> através das eras;
>
> vocês, pedras, que ajudam
>
> e curam,
>
> venham até mim;
>
> vocês espíritos de cura
>
> ouçam meu coração
>
> mostrem-me aqueles que
>
> podem ajudar [nome da pessoa]

Feche os olhos por um instante. Quando se sentir pronto, abra-os e olhe para as suas pedras. Algumas imediatamente chamarão a sua atenção. Escolha quatro delas e coloque-as de lado. Agradeça às pedras remanescentes. Sente-se e imagine-se cercado por uma aura azul-neon, especialmente nas mãos e dedos. Pegue cada pedra selecionada e passe lentamente sobre a representação da pessoa, visualizando os desequilíbrios e doenças sendo atraídos para o cristal. Se você quiser usar palavras para ajudá-la, basta dizer tudo o que lhe vier à mente. Você pode achar que certas áreas do desenho que representa o corpo transmitem uma sensação diferente. Passe mais tempo nessas áreas, deixando sua intuição guiar você. Depois de ter percorrido toda a representação, os desequilíbrios dentro da pedra terão de ser devolvidos ao seu devido lugar, no universo. Para isso, passe cada pedra através da fumaça do incenso e diga:

> Espírito do Ar
> Respiração da vida
> Traga pureza
> Traga alegria.

Depois cubra a pedra com sal e diga:

> Espírito da Terra
> Chão onde piso
> Devolva a força
> Devolva o contentamento

Depois de ter passado pela limpeza, a pedra deve estar purificada de qualquer desequilíbrio absorvido durante o processo de cura. Se a pessoa estiver muito doente, você pode realizar o encantamento quatro vezes com cada pedra, limpando cada uma delas a cada vez. Jogue fora o sal e a água e apague a vela e o incenso, agradecendo a cada elemento por sua ajuda. Lave as pedras em água fria. Visualize uma aura azul em torno de você e veja-a se expandir e se dispersar. Repita essa magia todos os dias, se necessário.

O Toque Mágico das suas Mãos

Quando lançamos feitiços ou realizamos rituais, usamos a energia das nossas mãos com várias finalidades. Fazemos isso quando ficamos de mãos dadas num grupo, unimos as palmas junto ao peito ao agradecer ou rezar, impomos as mãos durante uma cura ou irradiamos essa energia usando uma varinha, um athame ou apenas o dedo indicador.

Para aumentar o poder e a energia mágica das suas mãos, existem alguns exercícios que poderá fazer regularmente, para obter melhores resultados nos seus trabalhos mágicos ou nas suas interações no dia a dia. O exercício a seguir, você pode fazer quando estiver sozinho.

Absorva energia mágica

Quando você tiver um tempo livre, pelo menos cerca de uma hora, e estiver sozinho em casa, desligue o celular e certifique-se de que não vai ser incomodado. Em seguida, deite-se num local confortável. Pode ser uma cama, um sofá, o chão, ao ar livre na grama ou num bosque ou banco de jardim – em qualquer lugar em que se sinta confortável e não será perturbado. Feche os olhos, abra as mãos ao lado do corpo, respire fundo e fique completamente relaxado.

Quando se sentir relaxado, concentre sua atenção na visualização de feixes de luz dourada irradiando para as palmas das suas mãos, de uma fonte invisível acima do seu corpo. A luz flui livremente a cada inspiração profunda que você faz. Quando você expira, a luz flui de volta para a fonte. Enquanto você continua a respirar profundamente, visualize a luz acima de você se ampliando cada vez mais em direção ao céu. A luz está agora se derramando sobre você, fluindo à medida que sua fonte vai se ampliando a ponto de abarcar tudo ao seu redor. Tente realmente sentir a energia magnética que flui para as palmas das suas mãos enquanto faz isso. Continue por um tempo e então, aos poucos, vá voltando a sentir o ambiente à sua volta, mas continue respirando fundo.

Depois de alguns minutos, deixe que sua respiração volte ao normal. Depois de mais alguns minutos, abra lentamente os olhos. Quanto mais você fizer esse exercício, mais facilmente a energia mágica vai fluir através das suas mãos.

Quando sentir os efeitos desse maior fluxo de energia através das suas mãos, use-o! Você pode começar de maneiras sutis: quando acenar para alguém, transfira um pouco da sua energia para essa pessoa e sinta isso acontecendo. Tente concentrar a energia em sua mão, quando colocá-la no ombro ou no braço de alguém. Conscientemente, transmita sua energia para essa pessoa dessa maneira.

Quando segurar a mão de uma pessoa idosa, de um amigo ou de uma criança ou quando tocar ou acariciar um animal de estimação ou outro animal, transmita pelo toque um pouco da sua energia. Você ficará surpreso com a resposta positiva imediata que vai receber!

– Extraído de "The Magic Touch", Suzanne Ress, *Llewellyn's 2021 Magical Almanac*.

A Única Magia de Amor que Você Vai Precisar na Vida

O amor é a forma de magia mais pura e valorizada que existe. Ele nos dá vida, propósito e motivação, e pode transformar até o momento mais trivial numa lembrança inesquecível. Infelizmente, muitas pessoas acabam descobrindo, no dia a dia, que o amor verdadeiro pode ser algo difícil de encontrar. Talvez sintam que não têm sorte ou foram esquecidas pela vida, condenadas a viver para sempre sem a alegria de encontrar alguém que as ame. Algumas podem até acreditar que o amor é um mito e desistir dele para sempre.

Eu cresci odiando essa palavra. Via as pessoas repetindo-a a esmo, declarando seu amor para outras de quem nem gostavam tanto, manipulando-as com o poder da expressão: "eu te amo". Elas diziam isso para conseguir algo que queriam e mudar suas circunstâncias. Claro, esse "amor" era falso, fingido. Eu via depois o relacionamento entre elas se desfazendo, desmantelando-se, e esse "amor" se tornando algo feio, sem nunca criar raízes. Isso me assustava. Eu era jovem e não entendia. Infelizmente, acreditava que o amor não existia, que era uma coisa vista apenas nos sonhos e nas histórias infantis, como unicórnios e sereias.

Os anos se passaram e eu ainda vivia o dia a dia num torpor, chocada com o brutal mundo adulto, mas ainda apegada à magia e à Senhora que conheci ao longo do caminho. A Deusa, que eu sabia ser tanto a escuridão da morte quanto a luz do nascimento, abriu meus olhos para muitas coisas que eu nunca conheci quando criança. Foi a Deusa quem finalmente me mostrou amor... e ele não estava onde pensei que estaria.

Feitiços de amor e de amor-próprio

Eu não conheço nenhuma bruxa que não tenha lançado um feitiço de amor pelo menos uma vez na vida. Se ela alguma vez acendeu uma vela vermelha ou realizou um ritual completo sob a Lua, certamente tentou fazer algo para trazer alguém para a sua vida.

Qualquer pessoa que acredite no poder de manifestação já fez uma lista com frases no tempo presente, expressando o que deseja ter. Bens materiais. Um novo emprego. Hábitos mais saudáveis. O parceiro perfeito, alguém que soubesse ouvir e gostasse de longas caminhadas na praia...

O único problema com tudo isso é que estamos procurando realizar nossos sonhos com algo externo a nós. Estamos procurando o que queremos no mundo físico, quando a magia – quando o amor – está, na verdade, enraizado no fundo da nossa alma. Portanto, é natural que só possamos encontrar o amor verdadeiro dentro de nós.

É simples e complicado, não é? Parece simples, como algo que já deveríamos saber. Claro que precisamos nos amar. Temos ouvido isso repetidamente, em cada livro ou blog de metafísica que encontramos. Mas amor-próprio é algo complicado.

Por favor, entenda que o amor-próprio é incondicional. Ele não depende de nada nem de ninguém. Não importa se você gritou com o seu cachorro quando ele derrubou sua caneca favorita da mesa, quebrando a porcelana e espalhando café para todo lado. Não importa se você mentiu, roubou ou enganou alguém no passado. O amor-próprio só requer que você ame a si mesmo porque, embaixo da nossa pele e da nossa mente humana, somos todos seres divinos. O amor-próprio é seu direito de nascença.

Ritual do amor incondicional

Agora é a hora de lançar o único feitiço de amor que você realmente precisa. Ele pode não ser o que você pensa que é ou acha que deveria ser, mas ele o guiará na direção do amor incondicional que já existe dentro de você. Este feitiço irá ajudá-lo a obter a forma mais verdadeira do amor que você realmente merece.

> **VOCÊ VAI PRECISAR DE:**
> - Cinco velas, uma para cada quadrante (o mais comum é: amarela no Leste, a vermelha no Sul, a azul no Oeste, a verde no Norte e a branca no centro)
> - Espelho
> - Varinha ou athame (opcional)

Lançamento do círculo

O círculo sagrado é um lembrete divino de que fazemos parte do fluxo cósmico. Ele nos mostra que a vida não tem começo nem fim. Ela é um movimento constante, pontuado de mudanças, fluxos e refluxos. Usamos o círculo no ritual também para traçar uma linha que nos separe desta dimensão física, mundana e humana e nos ajude a cruzar o tempo e o espaço rumo a um reino mágico. Um lugar longe das distrações da vida cotidiana e dos problemas. Dentro do círculo estamos mais próximos do nosso poder.

Para começar, fique na parte mais ao norte do espaço em que lançará seu círculo sagrado. Estenda a mão ou sua varinha ou athame. Você fará um círculo ao redor do seu altar três vezes. Cada vez que passar pelo Norte, levante a mão. Começando do Norte, com a mão apontando para o solo, comece a lançar o círculo:

Que a luz entre no meu círculo e dance ao redor dele,
Que nada indesejável possa entrar, nem mesmo um som.
Que a luz torne o ar límpido e o fogo brilhante;
Que a água seja doce e a terra prospere.

No Norte novamente, pronto para a segunda volta, mova a mão de modo que ela aponte para o seu ombro e continue:

Que a luz me envolva, suave como um manto e forte como um escudo.
Com altas paredes de chamas, vibrantes e de poder irredutível.
Que a luz cegue meus inimigos, protegendo-me do seu olhar.
Que a luz dê ao meu ritual força e poder de realização.

No Norte novamente, pronto para a terceira e última volta, mova a mão para que ela aponte para o céu. Diga:

Que a luz nasça, cresça e desabroche como uma flor bela e brilhante.
Que seja selvagem e graciosa, formando um cone de poder inesgotável.
Pois sou uma bruxa e a luz é minha amiga.
Como um símbolo de amor, que este círculo brilhe forte, sem começo nem fim.

Posicione-se no Norte novamente e bata palmas com força, dizendo:

Por seu poder e por seu amor, este círculo está selado.

Evocação dos quadrantes

Os quadrantes fazem parte não apenas do mundo natural, mas também do fluxo cósmico e da verdade divina. Eles fazem parte do nosso ciclo de vida, muitas vezes nos trazendo a própria vida com o ar que respiramos e a água de que precisamos para sobreviver. Como o círculo, eles são uma ponte entre os mundos e agora devemos evocá-los para nos proteger e também nos trazer o que precisamos para que o ritual funcione.

Fique de frente para o Leste com os braços abertos e o rosto inclinado ligeiramente para cima, de modo que você fique olhando para o ar. Acenda a vela amarela e diga:

Ó, Grande Amanhecer e primeira luz de um novo dia!
Peço humildemente que tragam esperança e dissipem todas as dúvidas.
Entrem em meu círculo com pensamento e amor.
Abram minha mente e meu coração para a sabedoria da terra abaixo e do Cosmos acima.
Salve e sejam bem-vindos!

Fique na presença do Leste por um instante e feche os olhos. Sinta a suavidade do recomeço que está sendo oferecido a você. Sinta a onda feroz de poder e abra-se para qualquer outra mensagem que possa estar esperando.

Fique de frente para o Sul com os braços abertos e o rosto inclinado ligeiramente para baixo, como se estivesse olhando para uma fogueira. Acenda a vela vermelha e diga:

Oh, poderoso meio-dia, com a luz forte do sol a pino!
Peço que traga calor e queime todos os meus medos.
Entre em meu círculo com ação e amor.
Ajude-me a ver novas possibilidades com a coragem da terra abaixo e do Cosmos acima.
Salve e seja bem-vindo!

Dê a si mesmo um instante para se aquecer na presença do Sul. Feche os olhos e sinta a intensidade da coragem com que você está sendo abençoado. Saiba que você está tão vivo quanto os grandes incêndios e não tem limites.

Fique de frente para o Oeste com os braços abertos e o rosto inclinado ligeiramente para cima, como se olhasse para o céu. Acenda a vela azul e diga:

Oh, gentil pôr do sol, a última luz deste lindo dia,
Peço suavemente que me traga alegria e leve embora toda a minha dor.
Entre em meu círculo com experiência e amor.
Ajude-me a aprender com meu passado com a compaixão da terra abaixo e do Cosmos acima.
Salve e seja bem-vindo!

Não tenha medo do Oeste e dos seus segredos. Fique diante dele com o coração aberto e permita que as águas amorosas levem tudo que não serve mais a você. Além disso, certifique-se de ouvir com atenção. Às vezes, as mensagens do Oeste são tão ruidosas quanto as ondas do mar, mas outras vezes elas vêm até você como as águas suaves e gotejantes de um riacho. É aqui que você deixa ir. É aqui que suas lágrimas podem limpar sua alma e seu coração. Leve o tempo que precisar.

Quando estiver pronto, fique de frente para o Norte. Abra os braços e incline ligeiramente o rosto para baixo, de modo que fique olhando para a terra. Acenda a vela verde e diga:

Oh, poderosa meia-noite, escuridão da noite sensual,
Peço veementemente que traga todos os meus desejos à luz.
Entre em meu círculo com mistério e amor.
Ajude-me a me aceitar como um deus (uma deusa). Eu sou uno com toda a sabedoria divina da terra abaixo e do Cosmos acima.
Salve e seja bem-vindo!

Reserve um momento para compreender o que o Norte deseja compartilhar. Permaneça altivo e confiante, aberto e pronto para o que quer que os deuses considerem que você esteja preparado para aprender. Eu vou lembrá-lo de que a maioria das lições que aprendemos, nossa alma já sabe. É simplesmente nossa mente humana que precisa ser lembrada e frequentemente relembrada.

Fique no centro do círculo com os braços abertos. Acenda a vela branca, incline o rosto para cima e diga:

Oh, luz cósmica e amor universal,
Você é o centro, o tudo, a verdade do alto.

Incline o rosto para baixo e diga:

Oh, escuridão infinita e fluxo cósmico,
Você é o centro, o mistério, os segredos divinos de baixo.

Nivele seu queixo, deixando-o paralelo ao chão para se manter centrado, e diga:

Levante-se de baixo,
Desça de cima.
Você é minha forma, meu espírito, o significado do amor.
Conheça em meu círculo o Sol e a Lua.
Vamos todos dançar, cantar e nos extasiar.
Salve e seja bem-vindo!

Reserve um momento para reconhecer todos os belos elementos, deuses, deusas, formas, espíritos e bênçãos que você invocou no seu círculo.

Sua mente, seu coração, seu corpo e seu espírito agora estão prontos para o trabalho principal. Entenda que você sempre mereceu a forma maior e mais verdadeira de amor. Às vezes, só precisamos desatar as amarras que nos prendem ao que é mundano para encontrá-lo.

Lançamento do feitiço

De pé em seu altar, coloque o espelho diante de você, com a face para baixo.

Passe a mão sobre o espelho três vezes e diga:

Que os poderes do Bem abençoem este espelho e esta moldura.
Dissipem o passado, a dor e as frustrações amorosas.
Que me deem forças para dar um testemunho da verdade e da luz.
Que eu possa ver meu verdadeiro amor; concedam-me essa visão.

Agora levante o espelho para poder contemplar o seu verdadeiro amor. Feche os olhos e respire fundo. Deixe todo e qualquer movimento surgir através de você. Fique sentado neste lugar pelo tempo que quiser. Olhe para o espelho sempre que precisar, ao voltar para sua vida cotidiana. Lembre-se, você é a essência do amor e da magia.

Fechamento do círculo

O círculo é aberto, mas nunca rompido. Esse círculo foi aberto com a intenção de criar um espaço sagrado e seguro para este trabalho específico, mas sempre fazemos parte do círculo, assim como sempre fazemos parte do mundo mágico. Ao terminar o ritual, percorra o círculo uma vez no sentido anti-horário com sua mão ou instrumento estendido para traçar o círculo. Você pode deixar as velas queimando ou apagar a chama.

Quando terminar, toque sua mão ou instrumento na terra (ou numa planta, se você não quiser sair ao ar livre) e deixe que qualquer excesso de energia volte para a Grande Mãe. Mantenha a intenção de que o amor permaneça com você.

Aterre-se e centre-se após o ritual. Reserve alguns minutos para meditar sobre o que você experimentou e mantenha-se nessa vibração, apegando-se aos sentimentos e experiências evocados.

Que você se ame. Que você seja amado.

Abençoado seja.

— Extraído de "The Only Love Spell You'll Ever Need", Divina Cornick, *Llewellyn's 2021 Magical Almanac*.

Seja receptivo, seja amoroso, e confie na natureza que deu à luz você. Você é extensão dela, você não está separado dela. Ela cuida de você; ela protege você, na vida e na morte. É a sua segurança, a única segurança que existe. Sinta-se seguro, à vontade, relaxado, e um dia, quando a mente estiver completamente silenciosa, a verdade acontece. Ela vem como um raio de luz na escuridão da sua existência, e tudo é revelado.

Invocação à Deusa

Eu que sou a beleza da terra verdejante e da lua branca entre as estrelas e os mistérios das águas, invoco seu espírito para que despertem e venham até a Mim. Pois sou o espírito da natureza, que dá vida ao universo. De Mim todas as coisas emanam e para Mim todas devem retornar. Que o culto a Mim esteja no coração que rejubila, pois, saibam, todos os atos de amor e prazer são Meus rituais. Que haja beleza e força, poder e compaixão, honra e humildade, júbilo e reverência, dentro de vocês. E vocês que buscam Me conhecer, saibam que sua procura e anseio serão em vão caso não conheçam o Mistério: pois se aquilo que buscam não existir dentro de vocês, nunca o encontrarão fora de si. Saibam, pois, Eu estou com vocês desde o início dos tempos e sou aquela que se alcança ao fim do desejo.

— Extraído de *A Dança Cósmica das Feiticeiras*, Starhawk (adaptada por Starhawk, a partir do original de Doreen Valiente).